国家智库报告 2018（36）
National Think Tank
"三农"

# 创新体制机制
# 发展壮大农村集体经济

崔红志　苑鹏　刘同山　刘亚辉　著

INSTITUTIONAL INNOVATION AND THE DEVELOPMENT
OF RURAL COLLECTIVE ECONOMY

中国社会科学出版社

# 图书在版编目（CIP）数据

创新体制机制：发展壮大农村集体经济/崔红志等著 . —北京：中国社会科学出版社，2018.10（2022.3 重印）
（国家智库报告）
ISBN 978 - 7 - 5203 - 3406 - 8

Ⅰ.①创… Ⅱ.①崔… Ⅲ.①农村经济—集体经济—研究—中国 Ⅳ.①F321.32

中国版本图书馆 CIP 数据核字（2018）第 243142 号

| | |
|---|---|
| 出 版 人 | 赵剑英 |
| 责任编辑 | 刘晓红 |
| 责任校对 | 周晓东 |
| 责任印制 | 李寡寡 |

| | |
|---|---|
| 出　　版 | 中国社会科学出版社 |
| 社　　址 | 北京鼓楼西大街甲 158 号 |
| 邮　　编 | 100720 |
| 网　　址 | http：//www.csspw.cn |
| 发 行 部 | 010 - 84083685 |
| 门 市 部 | 010 - 84029450 |
| 经　　销 | 新华书店及其他书店 |
| 印刷装订 | 北京君升印刷有限公司 |
| 版　　次 | 2018 年 10 月第 1 版 |
| 印　　次 | 2022 年 3 月第 2 次印刷 |
| 开　　本 | 787×1092　1/16 |
| 印　　张 | 11.5 |
| 插　　页 | 2 |
| 字　　数 | 121 千字 |
| 定　　价 | 56.00 元 |

凡购买中国社会科学出版社图书，如有质量问题请与本社营销中心联系调换
电话：010 - 84083683
版权所有　侵权必究

# 报告撰写说明

近40年来农业农村改革发展取得的成就表明，以土地集体所有为核心的农村集体经济有良好的包容性和强大的生命力。近年来，中央日益重视农村集体经济改革发展。2017年年初，中国社会科学院党组要求农村发展研究所就新形势下的农村集体经济现状及发展趋势展开调查研究。农村发展研究所党委对此高度重视，成立了课题组，由崔红志研究员和苑鹏研究员担任课题主持人，主要成员包括：李人庆副研究员、刘同山博士和刘亚辉博士研究生。

在研究过程中，课题组成员多次进行内部讨论，就课题研究框架、基本思路、主要观点和调研方案进行深入探讨，并吸收了四川社会科学院的廖祖君研究员和张鸣鸣研究员参与课题组。课题组成员先后赴北京市大兴区、浙江省温州市、山东省青岛市城阳区、辽宁省海城市、四川省成都市、贵州省六盘水市等地展开调研。2017年10月底，课题组向院党组提交了研究成果。

　　本书是在此成果的基础上，经课题组集体讨论并进一步修改和完善后形成的。本书的第一章至第四章，由崔红志执笔，第五章中的案例一，由崔红志执笔；案例二，由刘亚辉执笔；案例三，由苑鹏执笔；案例四，由刘同山执笔。全书由崔红志统稿。鉴于研究水平有限，本书的不足之处在所难免，还望社会各界提出批评意见，以便在今后的研究中得以改正。

# 内容摘要

农村集体经济是集体成员利用其所有的资源要素，通过合作与联合实现共同发展的一种经济形态，是社会主义公有制经济在农村的重要体现。党和政府历来高度重视农村集体经济发展。党的十九大报告指出，深化农村集体产权制度改革，保障农民财产权益，壮大集体经济。近年来，各地在发展农村集体经济方面进行了积极探索，但发展水平较低、不平衡、持续性较弱等问题并未得到改变，与其功能定位仍不相适应，与推进农业农村现代化和实现乡村振兴的要求也不相适应。

农村集体经济发展的限制性因素主要表现为以下几个方面。第一，运行机制不完善。那些没有改制的农村集体经济组织，主要由村干部直接负责经营活动，普遍存在管理不规范、经营不专业现象。一些村在产权制度改革的基础上成立了股份经济合作社，但法人治理结构的产生形式与运行方式都不规范,不可能产生实质性的功效。同时,由于农村集体经济组织被迫承担提供农村公共产品和服务的公共财政职能,它也就只能盈利、不能亏损和破产,无法成为自主决策、自主经营、自负盈亏的现代企业。第二,农村集体经济组织没有法人地位。目前,各地采取了三种办法来解决这一问题。一是由县级以上人民政府发放组织证明书。由于缺乏上位法,证明书的管理方式只是一种过渡性的解决办法。二是登记为公司法人,按照有限责任公司或股份责任公司进行登记。但是,农村集体经济组织的成员数量通常都高于《公司法》规定的股东或发起人数量。如果把农村集体经济组织登记为公司法人,一部分成员在名义上就不能成为股东或发起人,其权益也就得不到法律的充分保护。三是按照《农民专业合作社法》来登记注册法人。这种做法规避了股东人数的限制,但集体经济组织与农民专业合作社在合作属性、业务范围、成员构成、分配和管理方式等方面存在许多不同。第三,农村集体经济组织的税费负担重。第四,农村集体建设用地改革滞后。农村集体经营性建设用地入市仍处于试点阶段,仅局限在全国33个农村土地制度改革试点县。尤其是，农村集体经营性建设用地在集体建设用地总量中所占比重极小。而对于集体建设用地主体部分——宅基地的流转制度改革仍未取得突破，宅基地的交易条件和范围仍然受到严格的约束，宅基地及地上附着的农民房屋都成为集体。

今后应从以下几个方面进行制度建设，以发展、壮大农村集体经济。第一，建立健全农村集体经济组织。凡是有集体统一经营资产的村组，尤其是城中村、城郊村和经济发达村，应改变由村委会代行经济组织职能的现象，实行"政经分开"，建立专门负责农村集体经济运行的农村集体经济组织。在农村集体经济组织与村"两委"的关系上，既要坚持"党是领导一切的"这一原则，又要确保农村集体经济组织能够独立自主地开展生产经营活动。

第二，明确农村集体经济组织市场主体地位。对于农村集体经济组织成员资格认定和退出问题，可以由村集体经济组织自行决定，但应规定村民自治、自决，不能违背国家其他相关法律法规。对于农村集体经济组织改制中的税费负担问题，应把农村集体经济组织承担的农村公共服务与税费减免挂钩，那些承担农村公共服务供给职能的集体经济组织，暂免征收企业所得税；那些农村社区事务已纳入公共财政的覆盖范围，从而不用承担农村公共服务供给职能的集体经济组织，可以设置一定时限的税费优惠过渡期。对于农村集体经济组织改制中的股权设置，应以个体股为主。对于股权管理，实行以户为单位的固化模式，"生不增、死不减"。对于股权流动，在现阶段可以限定在农村集体经济组织内部，但应适时和有条件地扩大流动范围。

第三，探索多种类型的农村集体经济实现形式。一是土地股份合作制。可以采取确权、确股、不确地的方式，将集体土地平均量化到户并固化下来，然后由集体将全部土地或部分流转出去，成员按所占股份获得相应收益。二是成员股份合作制。对于不可分割的集体资产，在清产核资后将其以股权形式量化至农村集体经济组织成员，由集体统一经营。也可以采取由集体中部分农民自愿入股，实行股份合作。三是联合社会资本的混合所有制。可以把集体所有的土地及政府扶持资金量化入股到新型农业经营主体，从而形成"集体经济＋其他"的混合所有制经济。

第四，深化农村土地制度改革。一是鼓励农村集体经济组织在符合规划的前提下，直接参与土地开发，或者参与联营、联建、入股等多种形式来开发存量的建设用地。二是在保证数量占补平衡、质量对等的前提下，探索支持农村分散零星的集体经营性建设用地调整后集中入市。三是按照2018年中央一号文件的要求，探索宅基地所有权、资格权、使用权"三权分置"的具体形式，允许腾退宅基地转变为经营性建设用地，直接入市或以"地票"形式间接入市。四是逐步缩小征地范围，从而为农村集体经营性建设用地入市提供空间。同时，在征地过程中，应建立村级经济发展留用地制度，解决农村集体经济发展的土地约束。

# 目 录

**第一章 农村集体经济发展的基本状况** ………（ 1 ）
  一 农村集体经济薄弱 ………………………（ 1 ）
  二 部分地区农村集体经济发展势头快 …（ 3 ）
  三 区域发展不平衡 …………………………（ 5 ）
  四 集体经济的持续性盈利能力不强 ……（ 7 ）
  五 农村集体经济发展的社会经济
    条件逐渐完善 ……………………………（ 9 ）

**第二章 发展农村集体经济的主要做法** ………（ 13 ）
  一 利用倾斜性政策支持 ……………………（ 13 ）
  二 用好用活城乡建设用地政策 …………（ 19 ）
  三 推进农村产权制度改革 …………………（ 21 ）
  四 探索集体经济的有效实现形式 ………（ 36 ）
  五 建立规范的农村集体经济资产制度 …（ 43 ）

**第三章 影响农村集体经济发展的若干因素** …（ 46 ）

一　农村产权制度改革的质量较低 ……… （46）

二　农村集体经济组织的税费负担重 …… （54）

三　农村集体经济组织没有法人地位 …… （55）

四　农村建设用地改革滞后……………… （55）

## 第四章　促进农村集体经济发展的对策 ……… （57）

一　发展新型农村集体经济……………… （57）

二　深化农村集体经济产权制度改革 …… （61）

三　深化农村土地制度改革……………… （67）

四　探索经济发展新常态下政府支持农村集体经济发展的新机制 ………… （81）

## 第五章　农村集体经济改革发展典型案例 …… （85）

案例一　浙江省温州市农村集体经营性资产改革 ……………………… （85）

案例二　青岛市城阳区农村社区发展状况 ………………………… （100）

案例三　青岛市城阳区农村集体"三资"管理 ………………………… （116）

案例四　北京市大兴区农村集体经济发展状况 ………………………… （139）

## 参考文献 ……………………………………… （170）

# 第一章 农村集体经济发展的基本状况

## 一 农村集体经济薄弱

改革开放后,相当数量的行政村成为"空壳村",除了土地外,没有什么集体资产,更没有多少收益。据统计,1996年全国72.6万个村中,当年无集体经济收益的村占30.8%,当年集体经济收益在5万元以下的村占42.9%,集体经济收益5万—10万元的村占13.5%,集体经济收益10万元以上的村占12.8%。[1]

近年来,中央和地方各级政府对农村集体经济发展的重视程度越来越高,但农村集体经济发展薄弱的状况

---

[1] 参见农业部合作经济指导司编《全国农村合作经济统计提要(1996年)》。

没有改变。表1-1给出了2011—2015年中国农村集体经济发展的状况。总的来看,在行政村数量略减的前提下,当年无经营收益的村数略增,当年有收益的村数略减,说明集体经济发展总体不容乐观。但收入在5万元以上的村数基本上呈增加趋势,说明部分经营较好的村级收入呈增长趋势。

表1-1　2011—2015年中国农村集体经济发展的状况　单位:万个

| 年份 | 2011 | 2012 | 2013 | 2014 | 2015 |
| --- | --- | --- | --- | --- | --- |
| 汇入本表村数 | 58.9 | 58.9 | 58.7 | 58.7 | 58.4 |
| 当年无经营收益的村数 | 31.0 | 31.1 | 32.0 | 32.0 | 32.3 |
| 当年有经营收益的村数 | 27.9 | 27.8 | 26.7 | 26.7 | 26.1 |
| 5万元以下的村数 | 15.9 | 15.1 | 13.7 | 13.7 | 12.7 |
| 5万—10万元的村数 | 5.0 | 5.2 | 5.2 | 5.2 | 5.32 |
| 10万—50万元的村数 | 4.5 | 4.8 | 4.9 | 4.9 | 5.2 |
| 50万—100万元的村数 | 1.1 | 1.2 | 1.3 | 1.3 | 1.3 |
| 100万元以上的村数 | 1.4 | 1.5 | 1.6 | 1.6 | 1.7 |

资料来源:历年《中国农业统计年鉴》。

即使在东部沿海发达省份,农村集体经济也同样薄弱。以浙江省为例,2006年,浙江省共有33388个村级集体经济组织，户籍人口 34777786 人，平均每村 1042 人；浙江省村均集体经济收入 39.12 万元，人均集体收入为 375 元，其中，没有集体收入的村占到了 16.61%，年收入不到 3 万元的村超过了 1/3，5 万元以下的村占到了 46.26%，10 万元以下的村占到了 56.65%，集体收入在 500 万元以上的村不到全省村级集体经济组织总数的 1.5%。

## 二 部分地区农村集体经济发展势头快

近 10 年来，得益于党和政府的支持等多方面原因，一些地方的农村集体经济快速发展。一些典型个案反映了这一状况。

例如，2011 年 9 月底，湖北省村级集体经济总收入达到 282.7 亿元，比 2009 年增长了 2.3 倍；村集体经济年纯收入 5 万元以上的村新增 11323 个，达到 16270 个，占全省建制村总数的 62.6%，比 2009 年提高了 43 个百分点。

又如，贵州省六盘水市地处乌蒙山集中连片的特困地区，所辖 4 个县区均为扶贫开发重点县。全市共有

1017个行政村，其中615个为贫困村；全市人口规模为334万人，其中39万人属于贫困人口。2013年，全市集体经济"空壳村"占比高达53.8%，集体收入匮乏。通过推进资源变资产、资金变股金、农民变股东"三变"改革，推动规模化、组织化、市场化发展，促进村级集体经济发展壮大。截至2015年年底，全市新增村级集体经济收入1.08亿元，累计达到2.7亿元，最高的村达到1031万元，最低的村达到5万元，全面消除了"空壳村"。

再如，江苏省太仓市2002年开始搞社区股份合作社，要在集体收益200万元以上的村中推进，但2002年整个太仓市集体收益超200万元的村只有1个。到2013年，太仓94个村中，村集体净资产超1亿元的有2个村，净资产5000万元到1亿元的有10个村，净资产1000万元到5000万元的有66个村；净资产500万元到1000万元的有16个村。应该指出，集体资产的评估是按照成本法而不是按市价法评估的，集体资产仍被低估，而且资产中还不包括土地等资源。太仓70个村平均可支配收益是675万元，其中，23个村可支配收益超1000万元，13个村超800万元，25个村超500万元。可支配收益300万元以下的共有8个村，可支配收益200万元以下的现在只有1个村。2013年，全市村级集体经济总收入8.9亿元，可支配收入6.4亿元，村均可支配收入675万元（比上年增长11.9%），其中，23个村超过1000万元，13个村超过800万元，25个村超过500万元。可以看出，村级集体资产总量不断增大，年收入水平持续提升。连续8年增幅超过10%。2013年，太仓农民人均纯收入21605元。

## 三　区域发展不平衡

我国农村集体经济的总体发展水平较低，而且发展不平衡现象突出，东部沿海发达地区的农村集体经济发展水平较高，中西部地区的发展水平较低，多数村至今仍是"空壳村"。即使在一个地区内部，农村集体经济的村际差异也很大。

以浙江省为例，浙江省平原地区的村均集体收入和人均集体收入远高于丘陵和山区，前者分别是后两者的2.38倍、1.65倍和8.23倍、3.92倍。从村均集体收入水平来看，城区村为170.72万元，镇区村为67.02

万元,乡村村为22.66万元,三者的收入比为1∶0.39∶0.13。从人均集体收入水平来看,城区村为1259元,镇区村为473元,乡村村为238元,三者的收入比为1∶0.38∶0.19。①

以成都市为例,从集体经济发展水平上看,呈一、二、三圈层递减趋势,一圈层集体经济实现手段较多,实力较强,而三圈层还有不少的集体经济"空壳村"。全市集体经济发展表现出明显的城市带动性,与城区的距离成为影响集体经济发展的重要因素。即使在同一个县,不同村集体经济发展情况也大不相同。以双流县为例,双流县共有239个自然村,其中53个远郊村无集体经营收益,而发展较好的近郊村,其集体资产规模则超过4000万元。

以青岛市城阳区为例,尽管城阳区农村社区的收入较为可观,但在194个农村社区中,仍然有3个社区没有收入。191个有收入社区的平均总收入为487.3万元,但社区之间收入差距非常大,最少的仅为2.56万元,最多的则高达6151.8万元。按照收入五等分的方

---

① 《浙江省村级集体经济发展现状与出路研究》,浙江统计信息网,http://www.zj.stats.gov.cn。

法，将194个社区按照收入的多少分为5个组，高收入组的平均收入是低收入组平均收入的37.4倍，是中等收入组的6.9倍。调查中发现，有些社区负债累累，入不敷出，社区收入主要依靠上级政府转移支付，如棘洪滩街道的沈家庄社区，人均年纯收入约9000元，2014年村集体收入仅62万元，但账面负债约200万元。与之形成鲜明对比的是流亭街道的杨埠寨社区，人均纯收入2万元，社区拥有一个已入驻40多家企业的工业园，能吸纳就业1000人，吸纳本村人口400人，社区年纯收入上千万元。

## 四 集体经济的持续性盈利能力不强

以青岛市城阳区为例，土地租赁、厂房租赁、补助收入是大多数社区的主要收入来源。然而，这些主要的收入来源具有不可持续性，面临增长"瓶颈"。大多数社区依靠租赁土地和厂房获得收入，但土地和厂房租赁具有合约期限性，合约期一般较长，一旦租赁出去，收入在合约期内是固定的。同时，由于外资大量撤离，经济形势下滑，依靠建设厂房和园区来获得收入的空间也面临缩小。而补助收入则是依靠政府财政支持，在经济高速发展的年份，政府财政资金充足，拨给社区的补助资金也相对较多，而目前经济增长面临挑战、经济下行，从而影响财政收入，政府财政可能无法维持较高的财政补助，这对于主要依靠政府补助维持运转的社区来说可能会面临困境。此外，还有一些社区依靠直接经营收入和投资收益作为收入的主要来源，在过去的一些年份，城阳区借助外资大量进入带动了大量劳动力就业、经商以及社区主导的投资，但在未来经济增速下滑的状况下，这些收入也可能面临缩水。

再以成都市为例，从全市集体经济组织的总体收入构成来看，绝大部分集体收入主要是资源性收入（土地租赁、出让收入等）和资产性收入（固定资产租赁、转让收入等），投资收益等相对稳定的集体经营性收入不多。2013年，全市集体经济组织经营性收入仅占总收入的15.1%，而土地征收补偿收入、土地出让收益近19亿元，占总收入的68.3%。当资源消耗殆尽或者宏观经济形势不好时，集体经济自我调节能力差。

# 五 农村集体经济发展的社会经济条件逐渐完善

**1. 农村居民具有发展社区集体经济的愿望**

在公共财政覆盖农村范围不足的情况下,农村集体经济承担向农民提供公共产品和服务的职能。调查显示,农村社区集体经济的发展水平与农村居民生活水平的提高之间存在正向关联。由于农民的福利需求具有刚性增长的特点,相应地,农村居民就具有发展社区集体经济的愿望。

**2. 农村基础设施条件不断完善**

改革开放后,农村大部分土地承包给了农户,但一些村庄仍然有部分集体土地、山林、水面等自然资源,特别是荒山、荒坡、荒地、荒水、荒滩等资源。这些资源可以被用来发展种植和养殖项目。随着农村基础设施条件的不断改善,农村的潜在资源优势可以转化为市场优势。

### 3. 有利于农村集体经济发展的政策环境正在形成

集体经济是中国特有的一种经济形式,党和国家的重要文件都历来强调要"发展壮大农村集体经济"。在当前的农村产权制度改革中,中央要求不能"把集体经济改没了"。对于集体经济与市场经济之间的相容性问题,中央提出要"推进农村集体产权制度改革,探索农村集体所有制有效实现形式,创新农村集体经济运行机制"(2015年中央一号文件)。

城乡分割的土地管理制度是农村集体经济发展的重要制约因素。中央已经充分认识到这一问题,正在积极推动农村土地征收、集体经营性建设用地入市、宅基地制度改革试点。2015年2月,国家选择33个试点县级行政区域,暂时调整实施土地管理法等关于集体建设用地使用权不得出让等规定,允许农村集体经营性建设用地入市,同时提高被征地农民分享土地增值收益的比例,对宅基地实行自愿有偿的退出、转让机制。党的十八届五中全会通过的"十三五"规划进一步提出"改革农村土地制度"。农村土地制度改革,有利于资源配置优化,利用效率提高,并给集体经济组织带来更多财富,从而为发展壮大集体经济奠定了基础。

### 4. 积累了一定的人才资源

一些农村集体经济组织培养了一大批懂得现代经济管理的人才,建立了市场营销网络。另外,经过40年的改革发展,广大农村地区涌现了大批先富者,民间经济资本和社会资本比较丰富;中青年劳动者的受教育年限和技能水平较高。农村社区集体经济发展具有比之前高得多的人力资本和物质资本支撑。实地调研表明,很多地方采取各种措施引导在外的能人回乡、老板回家、企业回迁、资金回流,参与家乡发展。例如,河南省淇县西岗镇秦街村共有342户、1420人,6个村民小组,1423亩耕地,村"两委"干部6人,党员37名。淇县实施"头雁回归创业计划",村民李树祝回村担任第一书记,筹资30万元创办了集体企业——秦街村预制构件厂,对全村道路进行了硬化,完成了道路两侧下水道建设及路肩铺设耕作,修建了党建、安全、综合治理文化长廊,建设了孝文化广场、党员教育基地、村党群服务中心,新建了村集体企业——金江预制构件厂。以集体经济为依托,规划建设"一心、一带、五园"。"一心",即村庄党群综合服务中心;"一带",即沿淇河的集休闲、娱乐、旅游为一体的滨河生态带;"五园",即5个生态林果园,包括桃园、梨园、杏园、苹果园和以温室大棚为主的采摘园。

又如,温州市瑞雪农业开发有限公司成立于2011年5月,注册资金1200万元,其中温商占51%,村集体与村民占49%。截至2015年年底,薛内村及薛外村共计4200亩土地(其中耕地700亩)全部流转给公司,除公司章程明确的36位股东之外,全村220多户村民通过农民专业合作社或联合搭股等形式成为公司股东,占全村总户数的94%。公司拥有3350亩油茶基地、200亩茶叶基地、300亩杨梅基地、450亩猕猴桃基地,还有1个茶叶加工厂,在建1个油茶加工厂。瑞雪公司的发展得益于温商回归的能人效应,瑞雪公司由10位温商牵头,他们都是薛内村在外的成功人士,具有资金、市场、信息、技术、人才、管理等方面的资源。公司注册"瑞雪宝"商标,借助温商的资源优势、市场优势,通过各地的温商协会、实体专卖和电商平台,产品远销上海、山东、杭州等省市,公司的产品市场逐步得以拓展,品牌形象不断加以提升。

# 第二章 发展农村集体经济的主要做法

## 一 利用倾斜性政策支持

近年来，政府对农村集体经济发展的支持力度逐渐加大。2012年，国务院农村综合改革工作小组选择部分省份开展农村综合改革示范试点，其中一项重要内容是扶持村级集体经济发展。2015年，财政部印发了《扶持村级集体经济发展试点的指导意见》，提出扶持村级集体经济发展，壮大村级集体经济实力，2016年中央财政选择13个省份开展试点，在原有浙江、宁夏2个试点省份的基础上，新增河北、辽宁、江苏、安徽、江西、山东、河南、广东、广西、贵州、云南11

个省份。2016年中央一号文件提出，探索将财政资金投入农业农村形成的经营性资产，通过股权量化到户，让集体组织成员长期分享资产收益。

在省级层面上，很多省都出台了扶持农村集体经济发展的政策。以浙江省为例，2012年7月27日，浙江省出台了《中共浙江省委办公厅　浙江省人民政府办公厅关于扶持经济薄弱村发展村级集体经济的意见》，提出要扶持集体经济薄弱村，特别是欠发达地区的经济薄弱村。工作目标是力争通过5年努力，使省定经济薄弱村[①]集体经济年收入达到10万元以上，其中经营性收入不少于5万元。第一阶段，到2013年年底，使2011年经营性收入3万—5万元的2053个村达到5万元；第二阶段，到2015年年底，使2011年经营性收入1万—3万元的3931个村达到5万元；第三阶段，到2017年年底，使2011年经营性收入1万元以下的5772个村达到5万元。2012—2016年，省财政每年安排8000万元专项扶持资金，主要用于扶持欠发达地区经济薄弱村发

---

① 省定经济薄弱村是指村集体经济年收入在10万元以下且经营性收入（村经营收入、发包及上缴收入和投资收益之和）在5万元以下，村级组织运转困难的村。

展物业经济。《浙江省农村集体资产管理条例》[①]明确了"社会资助、捐助和财政直接补助所形成的资产"属于集体经济组织成员集体所有。相关扶持政策的出台，一方面可以引导村庄更加重视集体经济发展，另一方面由于有部分财政资金支持，可以推动发展项目增加集体经济收入。

实地调研发现，很多地方采取综合性支持的方式，促进农村集体经济发展。以江苏省太仓市为例，对村级集体经济的支持性政策主要有：①政策倾斜。加大土地政策支持力度，全面建立并落实村级经济发展留用地制度，采用"优先预留、优先规划、先留后征"的方法发展村级集体物业。加大资金扶持力度，市设立村级经济发展专项扶持资金，从2010年起的三年内，对由村级集体经济组织为主体新开发建设的符合规划的物业项目及资源开发、农业产业化等经济项目，市财政每年安

---

[①] 该条例于2015年12月30日经浙江省第十二届人民代表大会常务委员会第二十五次会议通过，自2016年5月1日起施行。该条例还规定"农村集体土地依法被征收为国有土地的，设区的市、县（市、区）政府除了依法给予补偿外，还需要按一定比例为被征地村安排集体经济发展留用地，或者以留用地指标折算为集体经济发展资金等形式给予补偿，且只能用于发展农村集体经济，不得直接分配给集体经济组织成员"，"集体经营性建设用地依法入市收益可以作为集体资产折股量化到本集体经济组织成员，但不得直接分配给集体经济组织成员"。

排一定资金，以贴息或专项补助的方式给予支持。加大村级物业经济的支持力度，对投资额较小的工业项目，不单独供地，通过租赁村集体标准厂房（或一般厂房）进行生产经营。动员企业积极引导和组织外来务工人员入住集体宿舍楼，村对集体宿舍楼的出租适当降低租赁价格，提高集体宿舍楼的入住率。实行税收返还，从2010年起，对村集体所交的房产税、营业税、土地使用税以及村级公共事业建设工程所征收的税收，实行税收地方流程部分全额返还政策。加大金融支持力度，各金融机构对符合贷款条件的村集体经济发展项目优先提供金融服务，简化贷款手续。对集体经济相对薄弱村的发展项目，加大信贷支持力度，并实行优惠利率。扩大政策性保险覆盖范围，减少村办合作农场因灾带来的损失，逐步将农村集体资产纳入保险范围。激发村级发展活力，鼓励村企自愿结对，因地制宜开展项目合作、产品配套、村庄整理、资产出租、农副产品配送等；对以投资联营等形式，兴建农业产业化基地、农产品加工基地等村级集体经济发展项目的，财政支农资金优先予以立项补助和奖励。对做出重大贡献的结对企业，市政府给予表彰奖励。减轻村级负担，对村集体物业项目建设、村公益事业建设项目中涉及的相关规费，除需上缴上级部分外，属市本级收取的行政性规费予以免收，涉及的服务性收费一律按成本收取。②资金扶持促发展。从2006—2013年的8年，市财政对原80个新农村建设示范村实行"以奖代补"政策，每村下拨资金200万元，总额1.6亿元。主要用于发展村级集体经济，并加大示范村建设工作推进力度，采取领导挂钩、干部挂职的方法，指导和推动村级集体经济发展。对集体经济薄弱村进行了三轮帮扶，第一轮市级财政下拨资金3740万元，并落实88个单位结对挂钩帮扶。第二轮市级财政预算安排1080万元扶持资金下拨到集体经济薄弱村。第三轮对集体经济薄弱村所建经营性项目投资额在300万元以上的项目，市级财政给予100万元的"以奖代补"，镇（区）财政全额配套。③聚集要素促发展。强化镇（区）统筹协调功能，鼓励以镇（区）为单位，在符合土地利用总体规划、城乡建设规划和集约节约利用土地的原则前提下，集中若干个村的集体留用地，集中各村财力，通过"统一规划、统一建设、统一经营出租，产权独立，收益归村"的形式，在城镇、工业园区等区位条件较好的地方统筹建设标准厂房、集体宿舍楼、仓储物流设施、三产经营用房等集体物业项目，发挥集中开发优势，形成规模、聚集效应，使村级经济融入区域经济发展体系，促进联动发展、协调并进。盘活村集体闲置或低效使用的办公用房、老校舍、厂房、仓库等存量资产，通过自主开发或合资合作等方式搞活经营。对实现整村土地流转、建设特色农产品种植或特色生态养殖基地达到一定规模的村给予一定补贴。对拥有一定旅游资源或有民间文化优势的村，通过股份合作、村有民营等方式发展"农家乐"、"渔家乐"、度假村等旅游产业，增加村的资源开发和服务经营收入。鼓励村集体创办合作农场和劳务合作社，多方位开辟增收渠道。通过资源型资产抓产业开发、经营性资产抓增值、闲散性资产抓整合，促使现有集体资产、资源、资金产生最大的经济和社会效益。

贵州省六盘水市在坚持不改变资金使用性质及用途的前提下，将财政投入到村的发展类资金（除补贴类、救济类、应急类外），原则上转变为村集体和农民持有的资金，投入到企业、合作社或其他经济组织中，形成村集体和农户持有的股金，村集体和农民按股比分享收益。同时，明确村民委员会以及村集体领办、创办或控股的企业、农民合作社作为各级财政投入到村的发展类资金承接主体，可以独立发展，也可以将资金投资到企业、合作社或其他经济组织中，实行市场化运作，撬动更多社会资本投入农村经济发展中。采取股权平等、风险共担、利益共享的原则，一般按照企业占55%、村集体占5%来发展农村集体经济。

湖南省界首市等地整合涉农资金和党内下拨资金，在确保资金性质不变、投入投向不变、监管主体不变的前提下，以"红色股份"的方式参股农民专业合作社，发展壮大集体经济。

## 二 用好用活城乡建设用地政策

为推进集体经济发展壮大，浙江省嘉兴市、福建省莆田市、江苏省苏州市等地区灵活运用建设用地增减挂钩政策、三旧改造政策、发展用地政策等，加大对集体经济发展的扶持力度，增加集体经济积累。

以浙江省嘉兴市为例，该市作为国土资源部土地综合整治试点地区，在土地综合整治立项及验收方面，将立项审批权下放到县级国土部门，特别是在零星宅基地整理方面，打破镇村行政区域和宗地限制，农户可以自主或联合申报立项实施。复垦验收采取县级部门验收、市级部门复核、省级部门抽检的方式进行，有效地简化了程序。在整理节余指标使用方面，出台了土地综合整治节余建设用地指标的交易办法，在项目取得立项批复后，即可将预期节余指标在全市范围内进行交易，引进社会资金参与土地整理，还可凭借县级国土部门出具的"指标信用凭证"，向银行抵押贷款，从而有效地解决了土地整理资金"瓶颈"问题。

重庆市地票制度具有多种功能。从发展农村集体经济的角度来看，地票改革促进了农村尤其是偏远地区农村集体经济的发展。重庆市地票改革的主要思路是：以耕地保护和实现农民土地财产价值为目标，建立市场化复垦激励机制，引导农民自愿将闲置、废弃的农村建设用地复垦为耕地，形成的指标在保障农村自身发展后，节余部分以地票方式在市场公开交易，可在全市城乡规划建设范围内使用。截至2016年5月上旬，重庆市公开举办了47场地票交易会，累计交易地票17.7万亩、353.4亿元，年均交易地票3万亩左右，与该市每年新增经营性建设用地规模大体匹配，地票市场平稳运行，价格调控在城镇发展可承受、农民权益有保障的合理区间。重庆市规定，复垦宅基地生成的地票，纯收益按85∶15的比例分配给农户和集体经济组织。通过这一制度安排，重庆农村户均宅基地0.7亩，已参与地票交易的农户平均一次性获得收益约10万元，而农村集体累计获得的地票收益约125亿元，取得了助推农民脱贫增收和支持农村发展的"双收益"。我国农村集体经济发展不平衡，边远农村地区几乎没有村级经济。重庆地票制度实际上促进了边远山区农民和农村集体经济的发展。

## 三 推进农村产权制度改革

农村集体产权制度是深化农村改革的重点领域。农村集体产权制度改革的目标是建立"归属清晰、权能完整、流转顺畅、保护严格"的农村集体产权制度。农村集体产权制度改革的类型主要涉及农用地、宅基地、集体经营性建设用地和集体非土地经营性资产四个方面。

**1. 农村集体产权制度改革的进展**

（1）开展农村土地承包经营权确权登记颁证工作

近几年来，中央一直高度重视农村土地承包工作，自2008年以来的中央一号文件都提到农村土地承包经营权确权登记颁证工作。中共十七届三中全会和十八届三中全会的决定，明确要求搞好农村土地承包经营权确权登记颁证工作。2013年，中央一号文件提出用5年时间基本完成农村土地承包经营权确权登记颁证工作。

在实践探索层面，早在2009年，中国一些地区就开始了土地承包经营权确权登记颁证试点。2014年农业部选择了山东、安徽、四川3个省的27个县开展农村土地承包经营权确权登记颁证工作。2015年，新增了湖南、湖北、江西、江苏、甘肃、宁夏、吉林、河南、贵州等9个省（区）整省（区）试点。2016年国家安排河北、山西、内蒙古、辽宁、黑龙江、浙江、广东、海南、云南、陕西等10个省（区）开展整省（区）试点，整省（区）试点省（区）已达22个，超过全国的2/3。到2015年年底，试点范围达到2323个县（市、区）、2.4万个乡镇、38.5万个行政村，完成确权面积近4.7亿亩。[1]

2014年中央一号文件提出确权登记颁证工作经费纳入地方财政预算，中央财政给予补助。中央财政补贴的标准为10元/亩，共安排了181.4亿元专项补助。全国已有25个省（区）明确了省（区）级财政补助标准，其中20个省（区）每亩补助5—10元。山西、广西、青海省（区）补助标准较高，为15元/亩；北京市按山区每亩补助50元、平原每亩补助25元。[2]

有关资料显示，农村土地承包经营权确权登记颁证工作解决了长期以来承包地块面积不准、四至不清等问题。在土地承包经营权确权登记颁证的基础上，各地积极引导土地有序流转，鼓励农民以出租、互换、转让、股份合作等形式流转承包地，推动了土地资源的优化配置。2015年12月，党的十二届全国人大常委会第十八次会议提出拟在北京市大兴区等232个试点县（市、区）行政区域，暂时调整实施物权法、担保法中关于

---

[1] 农业部：《陈晓华副部长在全国农村经营管理暨土地承包经营权确权工作会议上的讲话》，《农业部情况通报》2016年第12期。
[2] 同上。

集体所有的耕地使用权不得抵押的规定，允许以农村承包土地（耕地）的经营权抵押贷款。

(2) 改革完善农村宅基地制度

农村宅基地，是农村的农户或个人用作住宅基地而占有、利用本集体所有的土地。中国农村有集体建设用地2.5亿亩左右，其中80%以农民的宅基地形式存在。中国农村宅基地制度形成于农村集体化时期并一直延续至今，其主要内容是：集体所有、农户使用、一户一宅、无偿分配、限制转让、不能抵押担保。

改革开放以后，随着工业化、城镇化进程的推进，城乡统筹、基本公共服务均等化战略举措的逐步落实，农村宅基地制度所依托的经济社会基础先后发生了变化，改革完善农村宅基地制度势在必行。党的十八届三中全会通过的《中共中央关于全面深化改革若干重大问题的决定》，在总结各地探索经验的基础上，明确提出要保障农户宅基地用益物权，改革完善农村宅基地制度，选择若干试点，慎重稳妥推进农民住房财产权抵押、担保、转让，探索农民增加财产性收入渠道。

2015年2月，国家选择33个试点县级行政区域开展土地制度改革试点，其中15个为宅基地制度改革试点，对宅基地实行自愿有偿的退出、转让机制。2015年11月，中共中央办公厅、国务院办公厅印发的《深化农村改革综合性实施方案》进一步提出了宅基地制度改革基本思路，包括"保障农户依法取得的宅基地用益物权""探索宅基地有偿使用制度和自愿有偿退出机制""探索农民住房财产权抵押、担保、转让的有效途径"。2015年12月，党的十二届全国人大常委会第十八次会议提出，在天津蓟县等59个试点县（市、区）行政区域，暂时调整实施物权法、担保法关于集体所有的宅基地使用权不得抵押的规定，允许以农民住房财产权（含宅基地使用权）抵押贷款。试点政策规定，对农民住房财产权抵押贷款的抵押物处置，受让人原则上限制在相关法律法规和国务院规定的范围内。因借款人不履行到期债务或者发生当事人约定的情形需要实现抵押权时，允许金融机构在保证农户承包权和基本住房权利的前提下，依法采取多种方式处置抵押物。对农民住房财产权抵押贷款的抵押物处置，制定与商品房处置不同的规定，探索农民住房财产权抵押担保中宅基地权益的实现方式和途径，保障抵押权人合法权益。

（3）建立农村集体经营性建设用地入市制度

农村集体建设用地流转问题一直是各界关心的问题。早在10多年前，国土资源部就先后批准了江苏苏州、浙江湖州、福建古田、河南安阳、安徽芜湖等地进行农村集体建设用地流转试点，广东省甚至允许在全省范围内开展农村集体经营性建设用地使用权流转试点。由于种种原因，此类试点一直局限于特定区域，未能在全国范围内有效推广。党的十七届三中全会通过的《中共中央关于推进农村改革发展若干重大问题的决定》中提出，逐步建立城乡统一的建设用地市场，对依法取得的农村集体经营性建设用地，必须通过统一有形的土地市场、以公开规范的方式转让土地使用权，在符合规划的前提下与国有土地享有平等权益。但是，从总体上来看，这项改革一直没有突破性进展。为了改变这种状况，党的十八届三中全会决定进一步指出，"建立城乡统一的建设用地市场。在符合规划和用途管制前提下，允许农村集体经营性建设用地出让、租赁、入股，实行与国有土地同等入市、同权同价"。2014年中央一号文件指出，"引导和规范农村集体经营性建设用地入市。在符合规划和用途管制的前提下，允许农村集体经营性建设用地出让、租赁、入股，实行与国有土地同等入市、同权同价改革。加快建立农村集体经营性建设用地产权流转和增值收益分配制度。有关部门要尽快提出具体指导意见，并推动修订相关法律法规。各地要按照中央统一部署，规范有序推进这项工作"。

2015年12月国家选择33个试点县级行政区域开展土地制度改革，其中15个为农村经营性建设用地制度改革。试点的内容主要是，赋予农村集体经营性建设用地出让、租赁、入股权能；明确农村集体经营性建设用地入市范围和途径；建立健全市场交易规则和服务监管制度。为试点集体经营性建设用地入市，在试点县暂时停止实施《土地管理法》第四十三条和第六十三条、《城市房地产管理法》第九条关于集体建设用地使用权不得出让等规定，明确在符合规划、用途管制和依法取得的前提下，允许存量农村集体经营性建设用地使用权出让、租赁、入股，实行与国有建设用地使用权同等入市、同权同价。作为这一改革试点的"风险管控"措施，试点行政区域只允许集体经营性建设用地入市，非经营性集体建设用地不得入市。入市要符合规划、用途管制和依法取得的条件。入市范围限定在存量用地上。

同时建立健全市场交易规则，完善规划、投资、金融、税收、审计等相关服务和监管制度。

（4）开展农村集体非土地经营性资产改革

改革开放后，相当数量的行政村成为"空壳村"，除了土地外，没有什么集体资产，更没有多少收益。近10年来，得益于党和政府的支持等多方面原因，农村集体经济的发展速度很快。但是，农村集体经济与村"两委"之间政经不分、农村集体资产产权不明晰、集体利益与集体经济代理人的个人利益边界不清，阻碍了农村集体经济持续健康发展。在快速城镇化和工业化过程中，农村集体资产产权归属不清晰、权责不明确、保护不严格等问题更加突出，侵蚀了农村集体所有制的基础，影响了农村社会的稳定，农村集体经济产权制度改革的重要性进一步凸显。如何解决农村集体经济与市场经济体制的相容性成为政府和社会各界关心的重要问题。

针对这种情况，农业部早在2007年就颁发了《关于稳步推进农村集体经济组织产权制度改革试点的指导意见》，要求"在条件成熟的地方，积极稳妥地开展农村集体经济组织产权制度改革，探索集体经济的有效实现形式"。党的十八届三中全会提出了保障农民集体经济组织成员权利，积极发展农民股份合作，赋予农民对集体资产股份占有、收益、有偿退出及抵押、担保、继承权的改革任务。2014年10月，中央审议通过了有关农民股份合作和农村集体资产股份权能改革试点方案。试点的目标在于探索赋予农民更多财产权利，明晰产权归属，完善各项权能，激活农村各类生产要素潜能，建立符合市场经济要求的农村集体经济运营新机制。试点方案提出，根据不同权能分类实施，积极开展赋予农民对集体资产股份占有权、收益权试点，建立健全农村集体资产股权台账管理制度和收益分配制度。有条件地开展赋予农民对集体资产股份有偿退出权、继承权试点，尊重集体成员意愿，明确条件、程序。慎重开展赋予农民对集体资产股份抵押权、担保权试点。试点工作在2017年年底完成。

农村集体经营性资产改革的普遍做法，一是提出农村集体经济组织成员界定标准。二是进行了清产核资，对有明确权属的集体经营性、非经营性、资源性等全部资产范围，开展清查、登记、核查和备案工作。三是量化资产份额，明晰产权归属。四是兑现股份分红，合理确定收益分配方式，赋予农民股份的收益权，增加了成员股东财产性收入。目前，全国已有4.7万个村和5.7万个组完成改革，量化资产6578.1亿元，累计股金分红2255.9亿元。①

从总体情况来看，农村集体经营性资产股改工作的力度较大，进展顺利。以浙江省为例，浙江已基本实现改革目标。截至2015年12月底，浙江全省共29489个村社完成村经济合作社股份合作制改革，占全省总村社数的99.4%；量化经营性资产1151亿元，界定社员股东3527万人，在全国率先全面完成农村集体资产确权工作，基本建立起"确权到人（户）、权跟人（户）走"的农村集体产权制度体系。其中，杭州从1998年开始在撤村建居的同时进行村级集体经济股份制改革，截至2016年5月，全市累计完成农村集体经济股份合作制改革2419个，总资产1135.3亿元，其中经营性资产391.5亿元，428.52万农民当上了股东，农村集体经济股份合作制改革基本完成。另外，杭州市已建成包括江干、西湖等9个区（县、市）的农村产权交易平

---

① 农业部：《陈晓华副部长在全国农村经营管理暨土地承包经营权确权工作会议上的讲话》，《农业部情况通报》2016年第12期。

台10个。宁波市从2014年起开始全面推进村经济合作社股份合作制改革，到2015年12月底，村社股改累计完成2802个，占全市总村社数的99.3%，基本实现了农村集体资产股份合作制全覆盖，全市共有418.8万人成为股份经济合作社股东。温州市2011年11月获批新一轮首批全国农村改革试验区，承担"农村产权制度改革"试验项目。到2016年11月初，温州市村集体经济组织股改完成率达99.75%，量化集体资产170亿元、持股社员690万人，村股份经济合作社账户变更率达98.27%。村经济合作社股份制改革取得了积极成效。一是增加了农民收入。股份合作制改革后，不少村集体给农民分红，农民从集体经济获得的财产性收入增加。2015年浙江全省股金分红总额46.6亿元，比2014年增长16%；2015年，宁波市股东分红总额达到了27.1亿元，人均分红646元。二是增强了农民参与管理监督村集体经济的积极性。农村集体资产股份制改革使产权关系得到进一步明晰，在集体经济的管理、运行、发展与社员的利益之间建立密切联系，赋予了农民对集体资产股份占有、收益、转让和继承的权利，使社员的主人翁地位进一步得到确立，提高了社员参与和监督集体经济发展的积极性。三是创新了农村集体经济的经营机制。股份经济合作社借鉴现代企业的法人治理结构，建立了股东（代表）大会、董事会、监管会既相互支持又相互制衡的组织，有利于提高管理水平和加强监督。四是有利于人口流动和管理。股份合作制改革的实施，有助于消除农民进城打工的后顾之忧，让农民即使进城落了户，也可公平公正地分享土地等集体资产的增值收益。另外，由于村民和村股份合作社社员可以剥离，外来人口进村落户更方便，可以享受到农村社区提供的公共服务。

在赋予农民占有和收益权的基础上，一些地方开展股权流转交易试点和开展股权抵（质）押试点，积极探索股权增值新途径，并以活权为导向，推进农村产权交易流转，成效明显。以浙江省温州市为例，该市从2014年至2015年9月底，全市农村产权交易平台共完成交易1542宗、金额9.44亿元，其中土地经营权675宗、面积8.2万亩、金额1.93亿元；村集体经营性资产867宗、金额7.51亿元。据对比统计，村集体经营性资产租金收入通过平台公开交易后平均溢价18%，最高的上涨了2.34倍。

## 2. 农村产权制度改革对集体经济发展的积极影响

新一轮农村产权制度改革从顶层设计上明确并固化了农村集体、农民个人等主体对土地、集体资产等财产的权利地位和权责边界。在此基础上，进一步确认了产权的可分性，确立了所有权、承包权和经营权"三权分置"的集体土地产权结构，为集体经济构建完善的内部治理结构和外部表现形式奠定了产权基础，为集体经济的发展壮大提供了有利的制度环境。

（1）农村产权制度改革通过确权颁证，将"虚置"的集体所有权"坐实"，集体经济获得了独立的主体地位和发展基础。集体资产所有者主体"缺位"是集体经济发展的重要制约。农民是集体资产的最终所有者，但其权利的实现需要以一个与其利益一致的、独立的集体经济组织为载体。但在大部分集体经济"名存实亡"的情况下，乡镇政府和村委会成为实际上的所有权行使主体，在"替代"农民集体行使所有权过程中，部门利益通常被优先考虑，集体经济的发展空间和农民的利益往往被挤压。"确权颁证"是农村产权制度改革的基础和核心内容。通过确权颁证，农民集体对土地等资产的所有权得以明确并获得了正式的所有权证,明确了乡镇、村组各级集体资产所有权主体的权利边界,特别是国家与集体、集体与农民之间的产权关系,从制度环境上保证了集体经济具有相对独立的经济地位。

(2)农村产权制度改革明确了农民作为土地使用者的主体地位,农民的财产权利得到认可和保护,为集体经济发展集聚了内在动力。权利主体意识激发出农民的合作效率。界定清晰的产权主体以及在此基础上形成的共同利益关联为农民通过合作共同经营集体资产提供了条件和动力。在集体产权不清晰的情况下,农户更关心土地承包经营权和宅基地使用权等个人权利,而由于无法获得明确的集体资产经营管理信息,集体资产往往处于"人人所有、人人没有"的状态,农户缺乏参与集体资产管理的积极性。农村产权制度改革后,农民对集体资产的产权得以明确,集体资产成为农民财产权的重要组成部分。对农民个体而言,相对于改革前模糊不清的财产关系,产权制度改革后农民对集体资产的所有权变得长期化、稳定化,农民对权利收益形成了稳定预期。农民管理、经营集体资产和参与收益分配的产权激励显著提升,主动提出了明确集体组织内部成员关系、提高组织运行效率的要求。同时，借助产权改革中形成的清晰的承包经营权等个体权利以及集体与成员间的权利边界，在重构集体经济组织过程中，能够以清晰的产权结构为基础构建起科学的治理结构，提高组织效率。

（3）农村产权制度改革厘清了集体产权结构，使各项权能得以分离和流转，为集体经济的多种实现形式提供条件。土地是集体经济最重要的资产形式，土地所有权是集体经济存在的基础，而土地权能的分置与流动则是集体经济有效实现的必要条件。传统集体经济失效的一个重要原因就在于产权的分置程度和可流转性较差，农民拥有的权利空间极为有限，集体经济的实现形式单一，结构僵化，集体经济组织缺少内部发展激励和适应环境变化的灵活性。产权制度改革，一方面，完善了集体土地的产权结构，形成了土地所有权、承包权、经营权"三权分置"的权利结构，使与土地有关的占有、使用和收益等权利可分属于不同的经济主体；另一方面，在产权分置的基础上允许土地经营权实现有条件的流转，为权利自由配置和组合并选择确保其利益最大化的有效实现形式提供了制度基础。通过产权分置和流转，产权主体可自由决定以何种形式实现其权利。如农民既可选择家庭经营方式获得农业收入，也可以通过土地经营权出租、入股等方式获得财产性收入。产权主体具有选择的自主性，可以选择股份合作社、股份合作制公司、有限责任公司等不同的集体经济实现形式。

## 四 探索集体经济的有效实现形式

调查发现，各地按照自身的资源资产状况和区位条件，采取了多种多样的村级集体经济实现形式，村级集体经济的实现形式呈现多样化特征。大体上可以把我国农村集体经济的实现形式归纳为以下4类。

### 1. 产业发展型

顾名思义，产业发展型集体经济是指农村集体经济组织立足于自身优势和资源禀赋，通过发展某一种或几种产业实现集体"三资"的升值保值和集体组织成员的增收致富的模式。比较而言，产业发展型集体经济又可以分为只有部分集体经济组织成员参与和全体成员参与两类。

## 2. 为农服务型

对于大部分农区而言，受限于地理区位、资源禀赋和资金积累，想通过某一产业发展集体经济是十分困难的。但是，随着农村耕地价值的不断增加，一些村集体开始借助土地所有者、管理者的身份或者通过组建土地股份合作社，连片出租集体土地获得经济收益。与产业发展型相比，为农服务型的一个突出特点是，集体经济组织不参与生产和经营。

2008年10月，中共十七届三中全会提出了"赋予农民更加充分而有保障的土地承包经营权，现有土地承包关系要保持稳定并长久不变"。加上2007年出台的《物权法》等一系列法律、政策，进一步推动了土地承包经营权的流转。土地流转对于中国农业规模经营和现代农业发展的意义重大，很多地方政府都出台了促进土地流转的奖励政策，包括对村集体经济组织推动或组织流转达到一定规模的给予一定的奖励，这一政策推动了以村为单位、以村"两委"为主导的土地流转合作社（有些地方也叫土地股份合作社）产生，客观上加速了土地流转，也为村集体经济组织带来部分收入。

### 3. 资产租赁型

资产租赁型集体经济，也称"瓦片经济"，是指集体经济组织通过建设、购置或者以其他方式取得实物资产，进而将其出租以实现集体资产保值增值的一种经济组织形式。这类集体经济发展类型，一般都出现在工商业比较发达的城郊或工业集聚地区，是城郊农村被动或主动融入城市的一种经济行为。

### 4. 资源开发型

资源开发型集体经济，是指集体经济组织为了促进集体经济增长和农民增收，将原本低效率利用甚至闲置的集体所有的土地、资金和生态环境等资源进行整合，或者交由其他主体投资开发，进而获取经济利益的一种集体经济发展模式。与产业发展型集体经济主要由集体经济组织牵头不同，资源开发型集体经济一般是采取收取定额租金或者村集体资源和资产入股的方式，将资源、资产交由集体经济组织外的其他主体承包经营。由于农户要求保底收益，不愿承担资源开发后的经营风险，因此资源开发型集体经济的利益联结不如产业型发展模式紧密。

在地方实践中,农村集体经济的实现形式远远超过我们所概括的类型。以成都市为例,随着农村产权制度改革的推进,全市集体资产产权逐渐明晰。在此基础上,各地纷纷重构集体经济组织,形成了多种形式的集体经济组织表现形式和经营方式,如土地统一经营型、资源开发利用型、集体产权经营型、提供劳务服务型、龙头企业带动型、合作组织带动型、资产公司经营型等集体经济发展模式(见表2-1)。

表2-1　　　　成都市集体经济的主要发展模式

| 模式 | 运行特征 | 案例 | 成效 |
| --- | --- | --- | --- |
| 土地统一经营型 | 集体经济组织通过成立农业公司或土地股份合作社将农户承包土地集中起来统一经营发展农业产业 | 郫县唐昌镇战旗村集体出资50万元,村民以土地承包经营权入股,成立了战旗土地股份合作社 | 村民收入迅速提高,2010年,社员土地收益达人均1500元 |
| 资源开发利用型 | 农村集体经济组织通过开发利用集体所有土地资源以及水利、矿产、森林等自然资源,采取自主经营或对外合作等方式发展集体经济 | 彭州市龙门山镇宝山村依托丰富的自然资源,积极发展工业、农业和旅游业。实行工资、奖金、剩余价值工资、工龄折资入股分红、按能力大小限额入股分红、风险共担入股分红、福利股份分红七种分配方式 | 村民收入的95%来自集体经济,实现了全体村民共享集体经济发展成果 |

续表

| 模式 | 运行特征 | 案例 | 成效 |
| --- | --- | --- | --- |
| 集体产权经营型 | 集体经济组织运用农村产权制度改革成果，通过农村产权的租赁、经营、抵押、对外合作发展壮大集体经济 | 温江区万春镇幸福村通过土地综合整治，将建设用地流转给温江区土地储备中心，获得资金用于村民聚居区建设，同时，将复垦新增耕地统一进行流转发展农业产业 | 通过土地规模流转，人均可获得年收益2400元；农户空闲房屋通过集体统一经营，人均可获得租金收益3600元/年；幸福田园二期项目区，实现人均年收益18730元 |
| 提供劳务服务型 | 集体经济组织通过成立社会化服务组织，提供农机、劳务、生产管理、产品销售等服务增加集体收入，发展集体经济 | 邛崃市冉义镇新民村成立新民农机专业合作社，作业面积达15000余亩。合作社投资400余万元，建成了占地30余亩的农业机械停车库及维修服务中心和大型烘干中心 | 合作社为本镇的农机手提供农机技术、安全培训，还能为实现水稻、油菜、小麦的种、管、收全程机械化提供农机具维修、停车、农机作业信息等服务，有效地提高了农业生产效率，降低了农业生产成本 |
| 龙头企业带动型 | 通过与农业产业化龙头企业合作，为农户提供种子、管理、生产、销售等服务发展优势特色产业，促进集体经济发展 | 邛崃市固驿镇成立金卓农业股份有限公司，公司投资7000万元建成现代农业产业园一座，配套建有一条全程机械化的加工生产线，并建有全国首创的水稻种子无晾晒干燥自动化系统 | 2013年，公司在生产基地投入达到1.8亿元，解决了2万余人就业，与公司合作农户每年增收5800多元 |

续表

| 模式 | 运行特征 | 案例 | 成效 |
|---|---|---|---|
| 合作组织带动型 | 集体经济组织通过成立农民专业合作社为社员提供农业生产资料的购买，农产品的销售、加工、运输、储藏以及与农业生产经营有关的技术、信息等服务 | 龙泉驿区万兴镇成立蔬菜专业合作社，利用已经形成的种植业业态，打造以低碳生态为主题的田园景观，形成第一、第二、第三产业链条，实现标准化生产、品牌化经营、规范化管理 | 合作社成立两年多来，取得了很好的经济效益和社会效益，销售收入达到2000万元，年利润200万元，有效带动了农民增收和集体经济发展 |
| 资产公司经营型 | 集体经济组织成立资产管理公司，由资产管理公司统一进行集体资金、资产、资源的经营管理，并按产权进行收益分配权 | 金堂县竹篙镇老虎寨村成立集体资产管理公司，通过土地综合整治，共节约集体建设用地指标638.2亩，将其中492亩建设用地指标出售用于土地综合整治，利用剩余的146.2亩建设用地指标作为农产品精深加工园区建设用地指标 | 加工园区以租赁厂房获取的利润回报各股东，每亩每年可获得租金收入9.6万元。入股农户每年亩收益比土地出租或种粮收入高2500元 |

资料来源：成都市统筹委提供。

又如，北京市大兴区是国家农村产权制度改革试验区。在产权制度改革的基础上，各镇、各村社本着求稳、求精、求实效的原则，选择了符合村情、风险低、收益好的项目实施，探索建立了集中理财，留地（或商业地产）安置，购买底商出租，经营第二、第三产业，联村入股合作等多种农村集体经济发展的实现形式。

再如，贵州省六盘水市在农村集体产权制度改革中推动了贫困村集体经济的发展。六盘水市地处贵州西部乌蒙山区，大部分村的集体积累很少，相当一部分属于"空壳村"，村干部没有为村民服务的基本手段。农村产权制度改革后，村集体把以前利用不充分甚至闲置的耕地、林地、荒山、池塘、场地等资源入股到新型经营主体，使这些资源充分发挥作用，产生经济效益，从而使参与改革的村摆脱了过去"等、靠、要"的状态，能够利用这些财力为农民提供公共服务，村干部的腰杆也"硬"了起来。2014—2015年上半年，全市共有16.52万亩集体土地、8.21万亩"四荒地"、32.18万平方米水面、3450平方米房屋入股到各类新型经营主体。通过股权收益，新增村集体经济收入2477万元，消除"空壳村"157个，"空壳村"占比从2013年的53.8%下降到18.6%。到2015年年底，全市912个行政村全部实现有村集体经济积累。

## 五 建立规范的农村集体经济资产制度

规范集体经济组织管理机制，实现集体经济组织与村"两委"等基层组织分离是保障集体经济健康持续发展的基本条件。针对农村集体"三资"管理不规范、制度不健全、群众不满意等问题，以江门市、佛山市为代表的广东省强化农村集体"三资"规范化管理，变事后查处为事前防范、事中制约、事后审查，有效地避免了村组干部在资金支出、资产处置和资源管理上的不规范行为，减少村干部违规违纪现象的发生，化解了干群矛盾、维护了农村和谐稳定，激发集体经济发展的内在动力。江苏省苏州市等地区则运用现代企业管理制度，使已经组建的社区股份合作社真正实现政企分开。

成都市在加强农村集体资产管理中的做法，一是采取农村集体资产信息化管理手段。全市安装运行农村集体"三资"监管系统的乡镇有252个，运行率达到100%。系统实现对集体资产运行情况的实时查询、实时分析和实时监管，全面实现全市农村集体资产管理的工作流程化、管理电子化、信息公开化。二是实行代理会计核算制度。全市农村村组实现代理会计核算，实行村会计委托代理制的乡镇有221个，村组代理会计共有6437人，审计人员数达到521人。三是实行民主监督和信息公开。全市共有2680个村依托会计代理核算中心实行定期财务信息公开。四是规范档案管理制度。农村集体"三资"档案分社区、分组统一收集归档。

在农村集体"三资"管理方面，城阳区走在全国的前列。早在2009年，城阳区就全面启动了强化农村集体"三资"管理工作，利用现代科技技术大力推进"三资"数字化动态管理，建立"电子管家"，实现"三资"管理的公开化、透明化。针对当时存在的村级财务混乱，村干部违法违纪、多吃多占现象突出等问题，城阳区政府制定了"三限定、五统一"的管理原则，即限定社区自主开支、招投标和备用金的"底线"；统一代理范围、统一账户管理、统一支出审核、统一管理流程、统一公开模式。并在全区八个街道建立"三资"代理服务中心，建起了囊括社区资产资源基础数据、合同、资源分布等全部家底的"电子管家"监管系统，规范了资产、资源转让、租赁和添置、报废等审批招标监管流程，每个社区"三资"内外往来情况得以及时掌控。普通村民通过电脑可以直接点击了解本社区集体"三资"使用情况。与此同时，每年关于集体"三资"使用和收益分配情况也继续在每个社区的公开栏中张榜公布。到2014年年底，城阳区农村集体"三资"管理实现了基层社区的全覆盖，成效突出。课题组的问卷统计结果也从一个侧面反映了这一情况。54个村干部样本中，对于社区收入与支出规范管理的情况，回答社区收入"一律进账"的为100%，回答"不都进账"和"不清楚"的比例均为0。并且，对于社区的支出，回答"有计划"的比例也占100%。

# 第三章 影响农村集体经济发展的若干因素

## 一 农村产权制度改革的质量较低

**1. 农村集体产权制度改革的结果具有不确定性**

农村集体产权制度改革的目的是,在坚持农村集体所有制不变的前提下,建立与市场经济相适应的农村产权制度。但是,农民较为普遍地认为集体土地和其他资产的权益是成员权。成员权是一种个人财产权利。只要是农村集体经济组织成员,他们就有取得农村土地承包权和分享因集体土地所产生利益的权利;随着成员的离开或去世,这种权利就相应地消失。现有法律的相关规定也体现了农民的这种成员权思想。例如,《物权法》第59条规定:"农民集体所有的不动产和动产,属于本集体成员集体所有";《农村土地承包法》第5条也规定了成员的权利。在这一背景下,建立归属清晰、权能完整、流转顺畅、保护严格的农村集体产权制度面临困境与挑战,即使完成了产权制度改革,其结果也具有很大的不确定性。

以下三个地区案例,在一定程度上说明、证实了上述改革困境。

（1）成都市案例

成都市是较早开展并完成了全域农村土地确权工作的先行试点地区。其土地确权的特点包括：①在承包期限一栏里明确将过去二轮承包时的"30年"变成了"长久"。②在农业部核发的统一格式的农村土地经营承包权页上明确标注了每块土地的四至等信息。③在各家各户家庭承包经营权证的基础上制作了村镇的土地鱼鳞图。④规定发包之后新增人口不再是集体经济组织成员。⑤确权之后的征地按照"征谁补谁"的原则进行,且不再进行新一轮的土地调整。⑥以村民代表会议和村民大会的形式对确权的方案和结果给予确认,履行法律程序。可以看出,与全国其他地区相比,成都市的确权方案更加激进和彻底,其相当于依靠地方政府的权威终止了农村集体经济组织的发包权和农民基于集体经济组织成员身份取得的承包权,而代之以农户对农地的用益物权。但根据多宗调查发现,一旦遇到牵涉征地补偿等土地利益陡升的情况,虽然当初确权颁证的工作比较扎实、可靠,且政府三令五申,以红头文件的形式明确新征地执行"征谁补谁"的政策,但农民往往仍然会依据宪法、土地承包法和村委会组织法赋予的权利,通过召开村民会议和投票表决的方式,要求征地补偿在集体经济组织内部全体成员中均分,再重新分配剩余土地的所谓"血战到底"的方式来解决问题。此时,地方政府颁给的四至清晰的土地证备显苍白。

(2) 广东省佛山市南海区案例

根据在广东省佛山市南海区里水镇的跟踪调查发现,其在20世纪90年代土地股份制改造中实行了股权固化的4个行政村,经过十余年的演变,最终又全部重新回到边界开放的股份制状态。虽然在村民会议上,绝大多数股东的利益因新股东的加入而摊薄、受损,但他们还是选择承认集体经济组织新成员的股东资格。究其缘由，也许是他们清醒地意识到在今天的法律框架下，将新出生和新嫁入的村民长期排斥在集体之外的做法是行不通的。从法理上讲，现实中农地的初始占有权属于农村集体经济组织，而不是农户家庭和个人。土地确权——否定集体的成员权缺乏法律根据。

（3）浙江省温州市案例

浙江省温州市是全国农村改革试验区，从2012年开始在全市的各县（市、区）全面开展"农村产权制度改革"试验。与中央的政策导向相一致，温州市的改革方案倡导股权"生不增、死不减"静态管理，股权可继承、转让和赠予。但这种改革原则在执行中遇到了较大的阻力。根据中国社会科学院农村发展研究所课题组2013年5—10月在温州市三个市（区）12个行政村的304份农户问卷调查数据发现，在256个有效样本中，不赞成股权"生不增、死不减"的比例高达65%。基于遵从农民自愿选择的原则，温州市很多村的改制方案都明确规定了要"三年一调整"。而且，多数村对于股权流转也予以相应的限制：一是股权流转封闭运行，受让对象需为集体经济组织成员；二是限量转让，大都规定了集体经济组织成员转让股份不能超过其所持股份的一定比例，如50%；三是限量受让，对每个受让人所持有的股份占集体经济组织总股份的比例做出了限制，如15%。调查发现，做出上述限制的目的之一是，保证现有集体经济组织成员以及新增成员能够享受集体收益。

## 2. 农地确权登记颁证工作存在走过场现象

党的十七届三中全会决定提出：赋予农民更加充分而有保障的土地承包经营权，现有土地承包关系要保持稳定并长久不变，党的十八届三中全会决定延续这一提法。但是"长久不变"的具体政策含义、"长久不变"与农地二轮承包之间的关系等问题，中央政策尚未做出具体规定。这种情况导致地方在开展农地确权登记颁证工作中无从着手。有些地方的承包证在承包期限一栏写上了"长久不变"几个字。更加普遍的做法是沿袭二轮承包的承包关系，确权登记后，颁证的期限是到2027年或2028年。应该看到，承包期限不同，利益相关者的关切程度和预期必然不同。假设某地2015年开展确权颁证，有效期至2027年或2028年，则确权证书的效力只有12年或13年。还剩12年或13年的承包期和30年承包期或50年承包期，农民群众的关切度、预期和参与度会有较大差异，基层干部的工作态度、力度和方法也会有较大差异。调研发现，由于到二轮承包结束只有12年或13年，有的基层干部觉得反正到期后还要再调整土地，就采取应付性的态度来开展工作，赶进度、轻质量，委托公司"大包干""确完了事"。

### 3. 产权流动受限

目前，各地在农村产权制度改革中面临的较为突出的问题是把改革的范围局限在农村集体组织内部。这种限制性规定与"健全归属清晰、权责明确、保护严格、流转顺畅的现代产权制度"的改革目标之间存在一定冲突。封闭运行的限制性规定也导致基层在改革中困难重重。以农村宅基地制度改革为例，国家一方面提出对宅基地实行自愿有偿的退出、转让机制，另一方面又要求宅基地转让仅限在本集体经济组织内部。但显而易见的事实是，如果农户仅可以将宅基地使用权转让给本村集体内的农户，由于在目前法律下一个农户只能有一处宅基地，那么有条件成为受让人农户的数量将会非常少。也就是说，在一个村庄内部，并不存在对宅基地市场的有效需求。2015年年底，全国人大授权国务院在天津蓟县等59个试点县（市、区）行政区域，暂时调整实施物权法、担保法关于集体所有的宅基地使用权不得抵押的规定，允许以农民住房财产权（含宅基地使用权）抵押贷款。但是，对农民住房财产权抵押贷款的抵押物处置，受让人原则上限制在农村集体经济组织范围内。这种规定无疑会增加银行将抵押物处置变现的难度，进而影响银行开展这项业务的积极性。

如何处理农村集体产权改革在集体经济组织内部的封闭运行与集体产权流动和开放之间的矛盾、何时流动和开放，是改革试点面临的一个重要问题。如果放开集体成员权，吸引外部资金注入，如何约束其逐利性，确保集体经济的发展建立在保护农民财产权利的基础之上，将成为集体经济持续健康发展的一大难题。

### 4. 政经不分问题没有得到解决

在农村集体资产改革中，由于政府财政对于农村公共服务和社会保障投入的不足，土地和农村其他集体财产成为维持村庄管理、向农民提供公共物品和服务、社区保障的重要物质基础，从而对农村集体资产股份制改革产生了很大的制约。有的村以此为借口，拒绝或拖延改革。较多的村尽管实施改革，但保留一定比例的集体股，其收益用来作为村集体的公共开支。集体股的产权依然是不明确的。现实中集体股往往由少数村干部控制。一些村对集体股占集体净资产的比例进行了限制，如不能超过30%。但这些村的集体经济组织收益数额相当可观，如何监督管理富裕地区可观的集体股份的资金剩余，不仅关系到农村集体产权改革的成败与否，也是涉及党风廉政建设的关键环节。还应该注意的是，农村集体资产产权制度改革的核心是把村集体经济组织转变为现代企业制度。在现代企业制度下，企业有盈有亏，但村级组织的运转、农村基础公共产品和服务的供给却一刻也不能停止，农村集体经济组织只能盈利、不能亏损。这一逻辑的结果是，即便村级经济组织改制成股份经济合作社或公司化了，其经营职能也是虚化的，股份合作社或公司的管理人员进行投资经营的积极性也不高。

## 二 农村集体经济组织的税费负担重

在农村集体经济组织改制方面,税费负担已经成为影响地方和农民推行集体产权制度改革积极性的重要因素。根据目前的税负规定,农村集体经济组织改制需要承担三类税费。一是分红时的个人所得税,地方上称为"红利税"。在集体产权制度改革前,集体成员以福利等形式分配集体收益不需要缴纳个人所得税。改制后,公司或社区股份合作社派发股份红利则需要缴纳20%"红利税",即分红时的个人所得税。二是集体经济组织改制中更名需要缴纳资产额3%的契税和0.3%的交易费。对他们来说,这是一笔巨额税费,难以承受,也不合理。三是改制后新成立的农村集体经济组织大多以物业出租为主,要缴纳营业税、企业所得税、房产税、土地使用税、教育费附加、地方教育税等7种税费,若改制后全部按章纳税,综合税率达到36%。

## 三 农村集体经济组织没有法人地位

为解决目前的农村集体经济组织"有法律地位而无法人地位"这一问题,有的地方不得已将改制后的农村集体经济组织定位为有限责任公司或股份责任公司,按照《公司法》来登记注册公司法人。但这又与《公司法》所规定的"有限责任公司由五十个以下股东出资设立"和"设立股份有限公司,应当有二人以上二百人以下为发起人"不相吻合。一般的农村集体经济组织的成员数量都高于法律规定的股东或发起人数量,这样就会产生出大量的隐形股东,其权益无法受到法律保护。有的地方按照《农民专业合作社法》来登记注册法人,虽然有效规避了股东人数的限制,但其征收各项税费的标准仍按照公司法人执行,税费负担相对较重,不利于集体经济组织健康持续发展。

## 四 农村建设用地改革滞后

集体建设用地是集体经济的核心资产,是集体经济组织发展的基础和依托。目前，集体经营性建设用地流转制度改革取得了较大进展，取消了对土地流转范围、流转方式等的限制，明确"在符合规划和用途管制前提下，允许农村集体经营性建设用地出让、租赁、入股，实行与国有土地同等入市、同权同价"。集体经营性建设用地流转收益也成为许多集体经济组织重要的收入来源。但集体经营性建设用地在集体建设用地总量中所占比重极小，以成都市为例，存量集体建设用地只占13%左右，其能够为集体经济带来的收益总量也十分有限。而对于集体建设用地主体部分——宅基地的流转制度改革仍未取得突破，宅基地的交易条件和范围仍然受到严格的约束，宅基地及地上附着的农民房屋都成为集体经济组织"沉睡"的资产。

# 第四章 促进农村集体经济发展的对策

## 一 发展新型农村集体经济

**1. 树立发展新型农村集体经济的理念**

集体经济的本源应当是"劳动者自由人的联合体",它是各自独立的劳动者个体成员按照自愿、民主原则联合起来的成员共同体,风险同担、利益共享。没有个体就没有集体,集体是由个体成员组成的成员集体。集体经济既可以是全体集体成员的集体经济,也可以是部分集体成员组成的集体经济,还可以是集体成员为主,吸纳社会成员共同组成的集体经济。因此,集体经济包括多种实现形式，既包括纯粹的、由全体集体成员或部分集体成员组成的集体所有制，也包括与外部成员合作与联合的混合型所有制。从长远发展看，农村集体经济发展一定是走向开放式，所有者构成的多元化、经营方式的多样化、经营范围的第一、第二、第三产业全覆盖性。

但是不管怎样，集体经济与其他经济组织的边界是清楚的，集体经济是人合组织而不是资合组织。体现在财产所有权是成员各自出资形成的法人财产权，由集体成员联合所有，每个成员在其中的份额清晰，但是成员个人不可以随意转让或分掉，在集体经济组织存续期间，法人财产权通常不可分割，成员个人因特别原因的退出或新成员加入，根据集体经济组织《章程》关于成员制度的规定而进行。

## 2. 探索多样化的农村集体经济发展路径

新型农村集体经济是指按照现代产权制度要求，以成员自愿为原则，通过劳动者的劳动联合或资本联合实现共同发展的一种经济组织形态。应着力探索多种形式的农村集体发展路径。一是资产租赁，即农村集体将其拥有的资源、资产交由其他主体承包经营，从而收取定额租金。应继续支持集体经济组织利用集体非农建设用地、村级留用地以及村庄整治、集中居住点建设、宅基地整理复垦节余土地，自行建设商铺、标准厂房等，发展物业经济。二是资源开发，鼓励集体经济组织以土地等资产为载体，吸引外部金融资本、产业资本、人力资本，通过合资、入股等形式发展新兴产业，从而获取股份分红收益。三是产业发展，基于自身资源禀赋优势，通过发展产业实现集体资产增值保值和成员增收致富。

### 3. 探索多种类型的农村集体经济实现形式

新型农村集体经济可以采取三种实现形式：①土地股份合作制。农村最主要的资产是土地，土地股份合作是农村土地综合开发和整体利用的最主要形式。可以采取确权、确股、不确地的方式，将集体土地平均量化到户，并固化下来，然后由集体将全部土地或部分流转出去，成员按所占股份获得相应收益。②成员股份合作制。对于不可分割的集体资产，在清产核资后将股权量化至成员，由集体统一经营。也可以采取由集体中部分农民自愿入股，实行股份合作。③联合社会资本的混合所有制。部分农村集体财力有限，甚至还有负债，可以采取突破传统的集体经济组织边界、寻求跨集体的合作与联合，最终形成"集体经济＋其他"的混合所有制形式。混合所有制有两种形成方式，一是打破传统地域和行政边界，采取股份制形式，形成跨区域的集体经济联合体。积极探索异地发展机制，支持农村集体经济组织通过土地置换等途径，建设产业聚集区，支持有条件的集体经济组织在产业园区与产业聚集区投资。二是跨越不同的所有制形式，将合作伙伴延伸至公司等非集体所有制经济中，形成"集体经济＋非集体经济"的混合所有制形式。随着工商资本下乡和城乡一体化发展，后一种类型的混合所有制将越来越重要。

### 4. 加强不同类型农村集体组织之间的合作

改变集体经济组织分散开发、各自为政的状况。鼓励不同的农村集体组织之间在道路、物流、信息、水电等基础设施上合作开发，加强产业分工、布局、功能分区、产业配套上的协调，通过区域连片开发提升区域竞争优势。

## 二 深化农村集体经济产权制度改革

农村集体产权制度改革是发展新型农村集体经济的基础性条件。目前，我国农村产权制度改革正在全面推进，有必要加快改革进度，全面深化改革。

**1. 进一步搞好成员资格界定**

产权制度改革的第一步是"归属清晰"，村民百姓最关心的是谁能有资格获得成员资格。解决这个问题不仅要立足当下，而且还要着眼未来。立足当下，核心是要解决集体资产量化的成员边界问题，要坚持尊重历史，对特定历史条件下形成集体成员的来源要逐一厘清。从已经改制的广东、北京等地的情况来看，成员的界定需要着眼未来，建立起动态原则，它直接关系到实现改革成果的可持续性，关系到真正落实成员的各项权能。

目前，我国各地改革中将此权利下放到改革的集体组织载体中，成员人人参与、公开、公平，虽然表面上看似公平合理，但是它会出现集体强势群体对弱势群体的剥夺，妇女、外迁户等集体成员的利益保护会受到威胁，在男尊女卑文化传统盛行的地方尤为突出。在当前国家法律法规缺失的前提下，各地可以考虑以现有法律、政策为基本准绳，借鉴各地经验，并尊重本地区集体成员的共同诉求，由集体全体村民成员来民主决策，最终确定本集体成员界定的实施办法。

从各地经验来看，浙江省人大2007年修订的《村经济合作社组织条例》对社员有明文规定，广东省2006年出台的《农村集体机构及组织管理规定》也对集体经济组织成员资格作出原则性规定。上海市农委2012年《农村集体经济组织成员界定和农龄统计操作口径》明确规定，农村集体经济组织成员资格界定原则遵循"户口在村"的总体要求，成员资格取得主要有原始取得和法定取得（婚姻、移民、收养），具体分为11种类型。

多数地方没有关于集体成员的相关法规与政策。可以按照湖北省"以户籍登记为基础，以法律法规为依据，以村规民约为参考，以外地经验为借鉴，以民主评议为结果"的成员资格评议办法。现阶段以是否具有本地户籍关系、是否拥有土地承包经营权和是否参与集体经济组织的收益分配等为主要参考指标。

### 2. 明确农村集体资产股份量化的范围

农村集体经营性资产的产权改革是否都要搞股份量化，这取决于产权制度改革的操作成本与收益之比，也取决于农村的客观实际。有的村集体经济很薄弱，没有经营性资产甚至是负资产，这样的村进行股份量化没有实际意义，群众也不会有积极性。农村集体经营性资产股份量化还是要因地制宜，尊重当地群众的意愿。

应该指出，越是集体经济实力雄厚、给群众提供福利越多的村，越需要搞以股份量化为导向的产权改革。这类村往往是"强人治村"，群众往往对村领导具有较强的依附性，他们将得到的福利视同村集体领导的恩赐，实际上形成一种庇护关系，这是小官巨贪的土壤，需要通过股份量化唤起群众的民主意识，以使他们能有效行使其监督权利。对一些经营性资产较少、纯农区的村，集体产权制度改革的重点应是对村集体全部资产进行确权登记颁证，深入开展村集体经济组织成员的资格界定，为今后深入推进集体产权制度改革打下坚实基础。

### 3. 明确股权继承、固化与流转的基本原则

关于量化股权继承问题，从全国各地的做法来看，通常允许量化的股权能继承，并且可以在集体经济组织内部流转，但是不能退股。这与我们在若干地区的干部群众调研问卷反映的主流声音是一致的。

对于是否固化股权，各地做法不一。一种是动态管理模式，随人口变动而调整；另一种是静态管理模式，不随人口变动而调整。其中，静态管理模式在改革时间早、股金分红收益水平高的地区，如广东南海，已经被动摇。在村民"活人不能给死人打工"的强烈要求下，原有的固化股权方式被突破。因此，一些地方如北京一些集体，采取了折中的方式，对人口股实行生增死减，而农龄股不增不减。这是值得全国各地参考的一种办法。

在今后的改革中，股权设置可以借鉴北京郊区的做法，股权设置采取固化为主，同时有一定的股权变动的灵活性，它只局限在新增的集体人口股配股，该股份不可以转让，也不可以继承。而对于迁出本集体的成员及其后代，产权改革一次性支付补偿或配股，配股只能是

个人优先股，即只有优先分红权、没有投票权。需要指出的是，固化是为了明确下一步发展的起始点，固化的目的不是固守，而是为了未来股权的开放性流动，更好地实现资源的优化配置。

产权顺畅流转是集体产权制度改革最终的目标。现阶段农村集体产权制度改革严格限定在本集体经济组织内部进行。这种做法的目的是保护广大成员资产的收益权，防止集体经济组织内部少数人侵占、支配集体资产，防止外部资本侵吞、控制集体资产。但应看到随着集体资产价值不断显化和流转市场逐步健全完善，农民股权流转必将超出集体经济组织内部。应当在风险可控的前提下，允许个人股权的自由流转，实现生产要素的优化配置，充分体现股份的市场价值。探索在赋予农民占有和收益权的基础上，开展股权流转交易试点和开展股权抵（质）押，积极探索股权增值新途径，并以活权为导向，推进农村产权交易流转。

### 4. 股权设置交由村民大会决定，但是政府应设置资产最低量化比例

在股权设置中，焦点问题是是否设置集体股。从农

业部的精神，到一些发达地区（如浙江很多地区）的做法，是全面取消集体股，并通过从集体收益分配中提取公益金的方式解决村级日常公共事业开支的不足。但是从问卷调查来看，考虑到村干部以及村民的诉求，以及所面临的未来一个时期内（如十年、二十年）新增村民股权变动的微调空间，对于是否设置集体股不应"一刀切"，应当尊重各村的自我选择。但是为了有效保护集体弱势群体的利益，切实增加他们的财产权利，应当对集体经营性净资产以量化给村民的比例设置最低线，如至少不得少于70%或80%。

### 5. 同步推进配套改革

目前，农村集体经济组织登记后面临着较重的税费负担。为支持集体经济组织的改革发展，需要制定有区别的税费优惠政策。应把税费减免与其承担的农村公共服务挂钩，对承担农村社会公共服务的集体经济组织暂免征收企业所得税。对于改革后农民按资产量化份额获得的红利收益，应当免征个人所得税，农村集体事务已纳入公共财政的地区，集体经济组织运营与城市工商企业也无差别，可以设置一个3—5年的税费优惠过渡期，过渡期满对集体经济组织实行照章纳税。

农村集体经济组织作为法定的集体产权代表主体，与企业法人、机关法人、事业单位法人和社会团体法人属于完全不同的组织类型，需要通过立法创设其法人地位。在法规出台前，可以借鉴江苏、浙江等地的做法，采用政府发放组织证明书的方式解决其身份地位问题。组织证明书主要记载集体经济组织的名称、地址、主要负责人、经营范围、资产等内容，集体经济组织可据此申办组织机构代码证、开立银行账户、申领票据、订立合同等，开展生产经营活动，获得市场主体地位。

## 三　深化农村土地制度改革

土地资源是新型农村集体经济赖以发展壮大的基础性和最重要的要素。从某种程度上说，新型农村集体经济能否发展壮大，关键看土地资源能否得到充分利用。而盘活土地资源的关键则在于深化土地制度改革。农村土地制度改革的目标是以构建归属清晰、权责明确、保护严格、流转顺畅的现代产权制度为核心，实现集体产权主体清晰，使农村集体经济组织成员对集体土地享有最终所有权。

**1. 改革农村宅基地制度**

以切实保障和维护农民宅基地合法权益为出发点和落脚点，完善宅基地权益保障和取得方式，探索宅基地有偿使用制度，探索宅基地资源有偿退出机制，完善宅基地管理制度。

（1）加强宅基地总规模控制

结合多规合一，按照"合理布局、节约集约"的原则，优化农民居民点布局。根据人口和发展需要，组织编制、调整村级土地利用规划。预留村民建房用地空间，允许对现有农村承包地分配办法进行调整，按照村人口规模、建房用地需求等因素，统一预留并划定村民住宅集中区，从根本上解决村民建房零星分散、规划混乱等问题。适当放宽容积率、鼓励联建，严控户均占地面积和空间布局，制定农村建房管理办法和技术标准。统筹各业各类用地，严格控制村庄外延边界。

严格落实"一户一宅（居）"政策，新增住宅用地审批实行家庭全员实名制，防止"一户多人、多次、多处"申请宅基地。探索保护农民居住权前提下的实现农村宅基地"零增长"甚至负增长的机制。挖掘现有宅基地潜力，整体提升宅基地利用效率。科学合理高效地运用好节约出来的农村宅基地建设用地指标，保护集体经济组织和农民的利益。

（2）开展宅基地使用权、房屋所有权确权登记颁证工作

开展地籍和房屋调查。编制适合实际的农村地籍和房屋调查实施方案和技术方案，开展农村地籍和房屋调查，确定农村宅基地的使用人、位置、界址、面积、用途、地上房屋等建筑物、构筑物情况，为宅基地制度改革提供基础资料和数据。

建立不动产统一登记制度。将住建、林业、海洋等部门的不动产登记职责整合，由国土资源局统一承担，组建不动产登记局和登记中心，统一负责土地、房屋、林地、草原和海域登记发证。

（3）探索农民住房保障"户有所居"的多种实现形式

探索农民双重住房保障方式。将"一户一宅"的住房保障方式调整为"一户一宅""一户一居"并存的保障方式。鼓励采用农民联户或由村集体经济组织主

导，集中建设农民公寓、农民住宅小区等方式，实现农民由分散居住向相对集中居住的转变，节约集约利用土地。

探索建立城乡统一的保障房制度。对农村经济能力弱、无法通过"一户一宅（居）"解决住房保障问题的困难户，纳入城镇住宅保障体系，赋予其申请城镇保障房的权利，或对购买住房予以一定补贴，保障农村弱势群体居住权。

（4）探索一定条件下的宅基地有偿使用制度，制定未批先建、少批多建以及"一户多宅"的处置办法，探索由农村集体经济组织主导下的有偿使用制度

探索宅基地有偿使用的范围和标准。对初次分配的农户宅基地，实行规定面积内无偿取得。对符合"一户一宅"政策但因历史原因形成未批先建、少批多建的以及"一户多宅"，实行规定面积内无偿取得，超出部分实行有偿使用。对依法取得的超标准占用宅基地和"一户多宅"的，以及非本集体成员通过继承合法房屋或其他方式占有和使用的合法宅基地，由村集体经济组织根据各自实际，民主决策决定是否实行有偿使用。

（5）探索宅基地自愿有偿退出机制

培育农村宅基地流转市场，鼓励农民宅基地使用权以转让、出租等方式在集体经济组织内部流转。对于已有的村集体经济成员之间的宅基地交易，经补办相关手续后，予以合法性认可，登记颁证。

探索建立宅基地价值评估体系。对进入流转的宅基地实行有偿、有期限使用制度。宅基地使用年限，参照《中华人民共和国城镇国有土地使用权出让和转让暂行条例》相关规定确定。为保护集体资产不流失或被低价流转，解决集体土地缺乏评估标准的现状，探索制定集体土地（宅基地）评估办法，科学编制农村集体土地基准价格，建立集体土地（宅基地）流转指导价格体系。

建立农村统一的集体资产产权交易市场，将宅基地使用权流转与农户承包土地经营权、集体林地经营权、农村集体资产、集体经营性建设用地使用权的流转纳入统一的交易平台。完善土地市场交易规则和服务监管制度，提供政策咨询、信息发布等服务，实现农村产权流转的公平、公正、公开、规范运行。

（6）探索统筹利用退出闲置宅基地的利用方式

鼓励集体经济组织在尊重农民意愿的前提下，依法、有偿回购村庄内部退出的闲置宅基地，宅基地回购价格由集体经济组织与原宅基地使用权人等利益相关者协商确定。对于回购宅基地的用途，允许集体经济组织根据规划用途，采取以地入股、联营等方式筹集资金发展壮大农村集体经济以及用于除商品住宅开发之外的各种用途。

鼓励农民多种形式退出宅基地。退出宅基地以及放弃宅基地申请权的农民，给予其申请城镇保障房或补贴购买城镇商品房的权利，并稳妥解决其社会保障问题。结合农村集体经营性资产产权制度改革，在集体产权股份化改革过程中，对退出宅基地、放弃申请宅基地的农民，以适当增加股份份额的方式予以补偿。鼓励农村集体经济组织发挥社会力量的作用，引导农民成片、有组织地退出宅基地。

（7）建立兼顾国家、集体、个人的土地增值收益分配机制

对于在宅基地有偿使用、流转等环节产生的收益，财政部门综合考虑形成土地增值收益的因素，从实际出

发，制定收取土地增值收益调节金征收办法，合理确定征收的调节金分配比例。农村集体经济组织取得的收益应纳入农村集体资产统一管理，土地增值收益由集体成员共同分享，分配情况纳入村务公开，接受审计监督和政府监督。指导农村集体经济组织制定农村集体经济组织收益分配及资产运作管理办法，健全完善集体土地资产处置决策程序，明确集体经济组织与其成员之间的收益分配比例。

### 2. 探索建立农村集体经营性建设用地流转制度

经营性资产包括农村集体所有的注册公司、品牌、厂房设备、部分工商业用地、公司的股票股权及其相关货币化财产以及其他种类的财产等。党的十八届三中全会《中共中央关于全面深化改革若干重大问题的决定》指出，"建立城乡统一的建设用地市场。在符合规划和用途管制前提下，允许农村集体经营性建设用地出让、租赁、入股，实行与国有土地同等入市、同权同价"。应尽快建立城乡接轨的建设用地使用权制度，促进农村集体经营性建设用地流转。

(1) 流转类型

农村集体经营性建设用地使用权流转市场可借鉴国有土地市场建设的做法，将集体经营性建设用地使用权流转市场分为一级市场（首次流转市场）与二级市场（再次流转市场）。一级市场是指土地所有者与使用者之间的流转市场，是集体土地所有者将集体经营性建设用地使用权让与土地使用者而形成的市场，可以采用出让、租赁、作价入股等流转模式；二级市场是土地使用者之间的流转市场，指依法有偿取得集体经营性建设用地使用权的单位或个人将余期的土地使用权进行转让、出租或抵押的行为，可采用转让、出租、抵押等流转模式。对这两个不同层次的集体经营性建设用地使用权流转应采取不同的运作和管理程序，分别加以规范。

(2) 流转期限

集体经营性建设用地流转必须确定土地使用期限。可以参照国有土地流转的期限规定，农村集体建设用地出让也可以设计为居住用地70年，工业用地50年，教育、科技文化、卫生、体育用地50年，商业、旅游、娱乐用地40年。土地使用权出让合同约定的使用年限届满、土地使用者需要继续使用土地的，可以申请续期、重新签订土地使用权出让合同；作价出资（入股）的时限可比照农村集体建设用地出让年限的设计执行；采取租赁形式的，可以根据具体情况实行短期租赁和长期租赁，长期租赁的最长期限不得超过同类用途土地出让最高年限。

（3）流转主体

农村集体经营性建设用地的所有权是村集体，这就出现了由谁来代替村集体行使流转土地的问题。现有的相关法律法规使村委会（包括村民小组）和村集体经济组织都有权占有和管理包括农用地和农村集体建设用地在内的农村土地和其他集体资产，赋予二者同样的合法性。但是，村委会是村民自我管理、自我教育、自我服务的基层群众性自治组织。在实践中，村委会一般承担"上传下达"的功能，是上级政府和职能部门在农村地区的"腿"。基于这种情况，由村委会作为农村集体经营性建设用地的入市主体可能存在很多问题。一些地方的经济事务由农村经济社和经联社管理，但是这些经济组织却与村委会和党支部密切地捆绑在一起，村委会主任往往同时是村党支部书记和经联社社长，政经之间并未分开。从未来的方向来看，应开展集体层面政经分离的改革。集体自治组织的职能是对全体村民进行社会管理，提供公共服务的。集体经济方面的事务由集体经济合作社承担。

（4）流转方式

在地方探索和实践的基础上，明确"因地制宜，分类推进"的开发利用原则。经济基础好、建设用地需求强烈的地方，农村集体建设用地可以通过出租、转让等方式直接流转入市；集体经济发达、组织机构健全的街道和集体，农村集体建设用地可以采取股份合作等方式，实现集体经济组织自主开发利用；经济欠发达的村集体，可以采取发展权有偿转移的办法转让用地指标，获取合理收益，间接开发和利用集体建设用地资源。

（5）流转顺序

因为有巨大的利益空间，一旦农村集体经营性建设用地入市的口子打开，就有可能出现把农民宅基地变成经营性建设用地入市的情况。针对这种情况，农村集体经营性建设用地入市可以采取存量优先、增量补充的原则入市，先期应该以解决乡镇企业倒闭后闲置的历史遗留用地入市问题为主。

为了更好地推动农村经营性建设用地入市，地方政府需要做好几项基础性工作。第一，对集体建设用地进行普查，分类建立档案（宅基地、产业发展用地、公益设施用地）。经过合规、合法认定的，颁发所有权证和使用权证。允许合规合法的集体产业用地公开上市流转，不合规、不合法的集体建设用地禁止上市交易，并制定清理政策。第二，建立土地流转市场的信息、咨询、预测和评估等服务系统与科学合理的价格机制。尽管农村集体建设用地使用权流转的价格、租金水平主要由市场供求关系决定。但政府公布基准地价及据此折算的基准地租仍是交易各方进行交易的重要依据。可以借鉴城市基准地价制定经验，积极探索适合农村集体经营性建设用地价格确定的依据和方法。第三，探索共享性利益分配机制。城郊农民的土地具有区位优势，他们的土地被征收或集体土地进入市场，这部分农民应该得到土地增值收益的合理合法的份额，但不是全部。因为增值收益并不是这部分农民本身劳动创造的，而是地理位置优越形成的。政府可以通过税收的形式调节收入分配，使一部分土地增值收益用于广大农区的基础设施建设和社会事业的发展，让那些土地不能进行商业开发的农村集体也能得到发展。

### 3. 探索农地确权的新形式

2013年，中央一号文件提出用五年时间基本完成农村土地承包经营权确权登记颁证工作。2014年，中央一号文件提出要抓紧抓实农村土地承包经营权确权登记颁证工作，充分依靠农民群众自主协商解决工作中遇到的矛盾和问题，可以确权确地，也可以确权确股不确地，确权登记颁证工作经费纳入地方财政预算，中央财政给予补助。2015年年初，农业部在《关于切实做好2014年农业农村经济工作的意见》中提出，要抓紧抓实农村土地承包经营权确权登记颁证工作，进一步扩大试点范围，选择2个省开展整省试点，其他省份至少选择1个整县开展试点。

（1）确权方式

确权方式主要有两种，一是确地块，二是确股份。前者强调承包户权利的保护，后者强调耕地流转与农业规模经营的便利。不考虑谈判权利对权益的影响，确地与确股对收益权的影响较小。人均承包地少，而且一些集体的部分土地并没有分配到户；一些集体虽然分配到户了，但之后又被集体收回统一经营。从农民的就业和收入来源结构来看，农业收入和就业已经变得不重要。基于上述情况，农村土地承包经营权的确权可以主要以确股为主。这样，农民承包地无论流转还是征用，农户的利益仅与土地股份（原承包地面积）有关，与承包地区位无关，也与被征用的是否为自家的地无关。

（2）确权的时点和效力

农地确权颁证工作在推进过程中遇到的一个重要技术问题是确权登记颁证以后的承包期年限。党的十七届三中全会提出现有的承包关系保持稳定并长久不变。因此有些地方的承包证在承包期限一栏就写着"长久不变"几个字。但是对于承包期之后的承包关系是否要改变，中央政策并未做出具体规定。我们认为，农村土地承包关系"长久不变"应该是跨越承包期限的长久不变。

农地确权颁证工作遇到的另一个问题是确权的起始点在哪里？确权的土地是农户在二轮承包中获得的土地还是经过调整的土地？在确定起点之前是否还可以调整？一些地方的试验是在确权过程中，在充分尊重群众意愿的基础上，将土地调整、如何调整等交由群众讨论解决，坚持"大稳定小调整"，在承包地实测确权后，实行"增人不增地、减人不减地",以户为单位承包经营权长久不变。外嫁女、入赘婿、新生儿等成员变动问题在户内自己解决,承包经营权的纠纷由个人与集体之间的行政性纠纷转变为家庭内部财产权的民事纠纷,无论以后人口如何变化都不再调整土地。可以借鉴这种做法,以户为单位,确权后的承包关系长久不变。

(3) 促进农民承包经营权流转

确权的重要目的是促进农地流转。但确权仅仅是推进土地流转的必要条件,而不是充分条件。因此,在促进确权的同时,可以建立健全流转服务组织和网络平台,搞好信息提供、政策咨询、价格评估、合同签订等服务;建立健全纠纷仲裁体系,及时化解流转纠纷。

(4) 建立多主体共赢的现代农业经营制度

在尊重农民意愿的前提下,可以因地制宜地发展多元化、混合型的各种农业经营模式。鼓励集体所有农地的部分所有权人扩大规模,打造家庭经营的升级版(家庭农场);或塑造新小农(现代小农)。但如果农地承包经营权人通过让渡经营权所得到的收益与未来的经营没有任何关系,则必然会出现承包权所有者与经营者之间的利益分割问题,承包权与经营权分离造成的租金和利润此消彼长的问题必然会存在。理想的方式是农地承包经营权所有者通过让渡经营权所得到的收益与未来的经营效益直接挂钩。在一些地区，以专业大户为经营主体，以农户承包土地这一核心生产要素为基础，以农机作为农业技术进步的载体，农民带地入社、发展合作经营，组建农民土地股份合作社，这种模式使农户成为规模经营的主体，一定程度上削减了承包权与经营权分离造成的利益冲突，既实现了农业的规模经营，促进了现代农业的发展；又避免了工商资本进入农业、大规模租赁农户承包地可能产生的负面影响；还能使农村中的老弱群体、小规模兼业农户或外出打工的农民也从合作社的发展中受益。这是中国特色农业现代化道路的一种值得注意的模式，可以借鉴。

## 四 探索经济发展新常态下政府支持农村集体经济发展的新机制

发展壮大集体经济的一个重要理由是：集体经济实力强了，就可以向农民提供更多、更好的公共产品和服务。从实地调研情况来看，农村社区集体经济组织的发展与农村居民生活水平的提高之间存在正向关联。以青岛市城阳区为例,农村社区很少有"空壳村",农村社区收入一直是农民福利的重要来源。农村社区收入中约60%用于村民福利支出,包括烈军属抚优、老年及特困补助、计划生育、文教卫生、养老保险、医疗保险、村民福利等。农村居民收入中来自集体福利部分通常超过10%。但是,集体经济在农村公共产品和服务提供中的积极功能,并不是发展壮大农村集体经济的充分条件。应该说,农村公共产品和服务供给是政府应履行的职责,不应该把向农民提供公共产品和服务的责任交给农村集体经济组织。在快速城镇化的过程中,农村集体土地被越来越多地征用。在农民基本失去了以土地作为就业和生计保障的手段情况下,强调政府的责任尤其必要。而且,从中国转型时期村集体的行为特征来看,即使农村社区集体仍然有相当可观的集体收入,但其向社区集体内部的农民提供福利,尤其是向农村弱势群体提供社区保障的激励性降低了,在既定的资源约束下,农村社区集体会优先考虑供水供电、农村公路、道路等公共产品,缺乏激励把资金更多地投向直接关系改善人们福利的领域。

因此，在处理农民福利的政府供给与集体供给的关系上，既要防止政府的大包大揽式的过度供给，也要防止以社区供给代替政府的基本责任，政府应该成为农村社区公共产品和服务的最主要的提供主体。强调通过发展农村社区集体经济来增进农村居民福祉，并不意味着应减少政府的责任，而是继续加大政府在农村公共产品和服务供给中的责任。一是在城乡一体化规划的框架下，推动土地、资金和劳动力等生产要素在城乡之间自由流动；完善农村基础设施建设机制，推进城乡基础设施互联互通、共建共享，创新农村基础设施和公共服务设施决策、投入、建设、运行管护机制，积极引导社会资本参与农村公益性基础设施建设。二是进一步完善以政府为主导、广泛参与、覆盖城乡、保障水平适度、可持续的公共服务体系，推动形成城乡基本公共服务均等化体制机制，推动城乡一体化的社会治理体系和治理能力建设。三是继续加大公共财政对农村的投入，加快推进公共服务均等化，进一步推进农村公共服务纳入财政预算试点和农村公共服务运行维护试点，逐步减少本应由政府承担而实际由农村集体经济组织承担的公益性支出。探索财政项目资金直接投向符合条件的农村集体经济组织，财政补助形成的资产可以转交农村集体经济组织持有和管护。

现在农村集体的行政组织和经济组织政经合一，用集体经济来支付社会行政管理费用，这对农民是有失公平的；用行政权力来经营村级集体经济资产，也容易造成内部人控制及村级组织换届选举中的争权夺利行为，以及以权谋私等腐败现象的发生。从长远来看，应妥善处理农村集体各类组织之间的关系，把农村集体自治组织与集体经济组织分开。集体经济组织是企业，其依法独立开展经营活动，承担集体资产保值增值责任，其收益属于集体成员所有；集体自治组织是社会政治组织，其负责办理村民自治、集体管理等事务和承接公共服务。其运行成本应该参照城镇集体基层组织由公共财政来承担。集体党组织领导成员与自治组织成员可以交叉任职，推动有条件的集体党组织、自治组织领导成员与集体经济组织领导成员分开任职。

# 第五章 农村集体经济改革发展典型案例

## 案例一 浙江省温州市农村集体经营性资产改革

### 一 改革进展

#### (一) 把集体经营性资产确权、量化到人 (户)

早在20世纪80年代，我国很多地方就开始了农村集体产权制度改革的探索。温州市农村集体资产产权制度改革探索始于20世纪90年代中期，1994年鹿城区聪山村曾对集体资产改制量化,但最终未实施。进入21世纪以来,鹿城区、洞头县、苍南县、永嘉县先后开展了村级集体资产制度改革试点,通过资产量化到户、到人,组建股份经济合作社。但这种试点性的探索仅仅局限在局部地区。2011年,温州市成为农业部农村产权改革试验区。以此为契机,温州市出台了一系列促进农村产权制度改革的政策和措施,全面推进集体资产股份制改革,通过将村集体经营性资产量化到人(户),明确集体经济组织成员权,实现对集体资产产权长久化、定量化享有。截至2015年年底,全市村集体经济组织股改完成率达99.2%,量化集体净资产165亿元、持股社员680.9万人。

温州市农村集体经营性资产股份量化改革方案有一些显著特点。一是产权明晰的彻底性较强,明确规定原则不设集体股,只设个人股,个人股一般由人口福利股和劳动贡献股构成,人口福利股占比不宜低于60%,倡导股权"生不增、死不减"静态管理方式,股权可继承、转让和赠予。二是在量化对象的确认上,强调不能以村规民约、村民会议违反法律法规,防止多数人剥夺少数人的合法权益,严格规定一人不能在两个以上的村享有股份；重点落实妇女权益保护，温州中院制定了针对性的指导意见，规定"在册农业户口的农嫁女、丧偶妇女、离异妇女、入赘女婿及其子女等群体同样享有与本集体经济组织成员同等的分配权"。三是在具体操作上，尊重农民主体地位，确保农民知情权、决策权、参与权和监督权；区分集体经济状况不同类型，采用"一村一策"分类指导，制订不同的股改方案；规范股改具体操作步骤，规定"任一程序未经通过，不得进入下一步骤"。

## （二）推进股权赋权改革

在基本完成村集体资产股份制改革基础上，积极推进股权赋权改革工作，探索权能显现新形式。一是赋予农民对集体资产股份占有、收益权能。有稳定经营收入的村社逐渐从传统福利分配向实行按股分红转变，如鹿城区龙方村、瓯海区净水村人均年分红超过1万元，乐清市东街村人均年分红5000元左右。二是开展股权流转交易试点。乐清市长虹村开展股权内部转让，规定个人股权转让不能超过50%，股东个人持股不得超过全社总股本的 10%。目前该村社已发生流转交易 9 起。三是鼓励开展股权抵（质）押试点。苍南县河底高村以社员股权及村集体安置房为标的物进行抵（质）押，获得苍南县农商银行授信 2.5 亿元，用于村民安置房建设和村集体农贸市场提升改造。四是探索股权增值新途径。洞头县岙仔村 1025 个社员股东，以量化集体资产股份 300 万元组建资金互助会，明确互助资金用于本社社员海产养殖及捕捞、发展渔家乐等，两年半时间通过投放资金利息收入 120 万元，股权增值 40%。

## （三）以活权为导向，推进农村产权交易流转

### 1. 建立农村产权交易体系

2013 年 4 月组建温州市农村产权交易管理委员会，设立市农村产权服务中心，明确其信息发布、产权交易、法律咨询、资产评估、抵押融资等基本功能。下辖县（市）也相应成立农村产权交易分中心，其中，苍南、永嘉、平阳 3 县探索政府购买社会化服务，通过竞争评审，选择苍南金融超市公司、温州嘉诚拍卖行、温

州八方拍卖行 3 家民营企业组建农村产权交易平台。同时依托乡镇公共资源管理中心、农村"三资"管理中心、土地流转服务中心等平台，在全市 108 个乡镇（涉农街道）建成了农村产权交易服务站。

### 2. 健全农村产权交易机制

温州市出台了《温州市农村产权交易管理暂行办法》，制定农村产权交易规则、转让拍卖办法及交易资金结算、经纪会员管理等一系列配套制度，开发具有供求信息发布和流程管理功能的农村产权交易网站。同时编制转让意向书、信息发布申请书、交易意向书和确认书、委托书、登记表、鉴证书等一系列格式化文本。积极培育各类中介服务组织，鼓励引导拍卖机构、评估机构、招投标代理机构、金融机构、担保机构及经纪人进驻农村产权中心。

### 3. 组织农村产权交易流转

按照"总体规划、分步实施、由点到面、由易到难"的工作要求，从农村集体经营性资产、土地承包经营权入手，制定相应的流转交易实施细则，特别是针对当前农村腐败现象、"三资"管理不规范等问题,市纪委出台针对性文件,规定"村集体经营性资产交易,应在依法设立的农村产权交易服务机构中公开进行"。

## 二 改革中值得重视的几个问题

党的十八大提出了要"建立归属清晰、权能完整、流转顺畅、保护严格的农村集体产权制度,激发农业农村发展活力"。温州市的改革方案体现了中央的政策导向,但改革方案在执行中还存在一些值得注意的问题。

### (一) 集体股仍然普遍存在

温州市改革方案的一个基本原则是不设集体股,只设个人股,个人股一般由人口福利股和劳动贡献股构成,人口福利股占比不宜低于60%。但实地调研发现,开展股份制改革的村在进行资产折股量化中都设置了集体股,一些村集体股所占的比例还比较高。集体股为集体组织成员共同共有,其收益由集体资产管理委员会管理,主要用于处理遗留问题、村级事务管理及集体经济组织发展和社会公益性支出。

但是,从改革的目的来看,设置股权就是要改变过去笼统模糊的"集体所有",把评估后的集体财产明确界定给社员,从而形成多元产权主体,而集体股的产权依然是不明确的。随着集体经济壮大和股权结构的日趋复杂,可能会再次出现集体股权归属不清的问题,埋下二次改革的隐患。一些村对集体股占集体净资产的比例进行了限制,如不能超过30%。但这些村的集体经济组织收益数额相当可观,如何监督管理富裕地区可观的集体股份的资金剩余,不仅关系到农村集体产权改革的成败与否,也涉及党风廉政建设。

## (二)农民股权流动受限

党的十八届三中全会提出,要保障农民集体经济组织成员权利,积极发展农民股份合作,赋予农民对集体资产股份占有、收益、有偿退出及抵押、担保、继承权。与中央的政策导向相一致,温州市的改革方案倡导股权"生不增、死不减"静态管理方式,股权可继承、转让和赠予。

但温州市各地在农民股权的流转上还存在封闭性问题。一是股权流转封闭运行，受让对象需为集体经济组织成员。二是限量转让，大多规定了集体经济组织成员转让股份不能超过其所持股份的50%。三是限量受让，对每个受让人所持有的股份占集体经济组织总股份的比例做出了限制，如15%。例如，温州市长虹村实行"生不增、死不减"的静态化股权管理方式，股权可以继承和转让。但村里对股权转让做出了规定："股权转让只能在本村股民内部流转，个人股份转让最多不能超过个人股的50%，剩余的不得转让。股权的转让必须经董事会研究决定后方可生效。"（《长虹村集体资产产权制度改革政策处置方案》，2012年2月8日通过）在个人股权的继承问题上，大多数农村集体经济组织允许继承，但也有的地方不允许继承。温州市开展了农民股权抵（质）押试点。同样由于抵（质）押品的处置范围只能局限于集体经济组织内部，实施效果必将会受到影响。

## （三）集体资产的管理和经营方式有待规范

产权制度改革的目的不仅仅是解决农村利益分配问

题，更重要的是要改变原有的经营模式，实行现代化企业管理。而目前农村集体经济组织产权制度改革尽管明晰了产权，也解决了利益分配问题，在一定程度上化解了集体经济组织内部利益分配的矛盾。但是，从总体上来看，改制后的农村集体经济的管理和运行方式并未发生变化。温州市各村股改小组主要由村干部构成。股改后的董事会和监事会的负责人都由村主要领导兼任。其中，党支部书记兼任董事长，其余人员也大多是村"两委"的领导，原有的村级管理和组织结构被平移到了股份合作社这一新的组织之中，村"两委"与集体经济组织并未脱钩。在股改前集体经济组织的管理和分配中，村"两委"干部处于支配地位。改制后，有些村干部没有动力改变原有的企业管理方式。另外，村集体经济组织在进行产权制度改革后，普遍存在股权过于分散、股东之间持股平均化的现象，经营决策效率低下，从而在一定程度上导致集体经济组织无实际控制人，形成了另一种产权主体虚位现象，从而不利于形成现代企业管理制度。

## （四）改革的外部政策环境有待完善

各项改革措施之间具有关联性和协同性。回顾我国农村集体资产产权制度改革地方试验30多年的历史可以发现，基层政府、村干部乃至一般农民对于这项改革的动力不足是导致改革徘徊不前的重要原因。而相关利益主体的改革动力缺失与缺乏配套改革措施有一定关联。

例如，目前，政府财政对于农村公共服务和社会保障投入的不足，土地和农村其他集体财产成为维持村庄管理、向农民提供公共物品和服务、社区保障的重要物质基础。在这种情况下，农村集体经济产权制度改革就很难彻底。

又如，在目前的财税体制下，农村集体经济组织改制需要承担三类税费。一是分红时的个人所得税，地方上称为"红利税"。在集体产权制度改革前，集体成员以福利等形式分配集体收益不需要缴纳个人所得税。改制后，公司或社区股份合作社派发股份红利则需要缴纳20%"红利税"，即分红时的个人所得税。二是集体经济组织改制中更名需要缴纳资产额3%的契税和0.3%的交易费。对他们来说这是一笔巨额税费，难以承受，也不合理。三是改制后新成立的农村集体经济组织大多以物业出租为主，要缴纳营业税、企业所得税、房产税、土地使用税、教育费附加税、地方教育税等7种税费，若改制后全部按章纳税，综合税率达到36%，税赋较重。较重的税费负担，势必影响了地方和农民推行集体产权制度改革的积极性。

## 三 政策建议

### （一）规范股权设置

从发展角度和远程视野来看，股权设置应以个人股为主，要坚持以市场化为导向，充分遵循市场规律，确保市场在资源配置中起决定性作用。集体股的去留问题，归根结底要尊重农民群众的选择，并由集体经济组织通过公开程序加以决定。对于实现整建制村转居、没有开展实业经营活动，且全部资产以资金形式存在，并全部用于投资或理财的新型集体经济组织，经80%以上集体成员同意，可以将集体股股份全部按成员配股比例分配到成员个人。对于开展物业或底商等地产经营活动的集体经济组织，经80%以上成员同意，可以将物业或底商资产处置，处置后的收益按产权改革中成员配股获得的成员股份比例一次性量化到成员。具体采取何种形式，由集体成员按照少数服从多数的原则，民主协商决定。

## （二）稳步放开农民股权流转范围

温州市现阶段农村集体产权制度改革严格限定在本集体经济组织内部进行。这种做法可以有效地保护广大成员资产的收益权，防止集体经济组织内部少数人侵占、支配集体资产，防止外部资本侵吞、控制集体资产。但应看到随着集体资产价值不断显化和流转市场逐步健全完善，农民股权流转必将超出集体经济组织内部。应当在风险可控的前提下，允许个人股权的自由流转，实现生产要素的优化配置，充分体现股份的市场价值。

个人股权应当依法继承。农村集体产权制度改革就是要按照"归属清晰、权责明确、保护严格、流转顺畅"的现代产权制度要求,把"共同共有"的集体资产改制为"按份共有"的集体资产。《物权法》规定,按份共有人对共有的动产和不动产按照其份额享有所有权。在改革过程中,只要集体经济组织成员具有合法资格、所量化到人的集体资产合法、整个股权分配的程序合法,则组织成员手中所持有的个人股份就是个人合法财产,依据《继承法》,个人合法财产都可以继承。在人口流动的背景下,继承对象无疑将会超出集体组织成员内部。但是,对于继承股份的非农村集体经济组织成员,可以规定他们只享有股份收益权,不享有集体经济组织的表决权。

## (三)对农村股份经济合作社实行公司化改造

积极探索确立农村集体经济组织市场主体地位的解决办法。在国家层面的法律法规和政策尚未出台的背景下,采用政府发放组织证明书等方式,解决农村集体经济组织的身份地位问题,从而使其能够独立自主地参与市场经营活动。

完善农村集体经济的管理和运行方式，一是继续建立健全董事会、理事会、监事会的组织架构。二是探索实行政经分开，作为微观经济主体的村集体经济组织，与村"两委"脱钩。

从将来的发展趋势来看，股份合作社的生存空间不大。可以对农村股份经济合作社进行公司化改造。之后，公司的股东只能享有股东权利，而不能干涉公司独立经营。村委会即使占有公司一部分股份，也只能行使股东的权利。

## （四）注重微观操作

微观操作关系到宏观目标与原则的实现，必须给予重视。一是明确规定股改成果长久不变，以保持改革的严肃性并提高农民和基层干部对于改革的重视程度。二是在股改过程中充分保障农民群众的知情权、决策权、参与权和监督权。三是市级层面的指导意见应宜粗不宜细，在原则方面，慎用模糊性用语。

## （五）同步推进配套改革

温州市的决策层对于股改与其他改革的互动有清楚的认识。但是，在实践中，相关的改革并未跟上。改革后的股份合作社仍然承担社区公共产品和服务供给的职能。经济功能与社会功能混在一个企业形态的经济组织内部，必然导致该企业组织无法发育成为现代市场经济主体。政府应转移其承担社会管理和公共品提供职能，从而助推股份合作社能够真正成为市场主体。应进一步落实温州市有关配套改革的政策规定，加大公共财政对农村的投入，加快推进公共服务均等化，为股份经济合作社的发展及转型提供良好的外部环境。按照完善体系、对接制度、并轨融合的工作步骤，促进已撤村建居的村股份经济合作社的"农保"向"城保"提升，促进股东在城乡之间迁移时享有的社保能得到同步转换。

# 案例二　青岛市城阳区农村社区发展状况

## 一　城阳区农村社区经济发展现状

### （一）社区集体经济发展的主要特征

改革开放后，我国较多的农村社区成为"空壳村"，除土地外，没有什么集体资产，更没有多少收益。从总体情况来看，城阳区农村社区的社区收入来源多样化，收入水平较高。据统计，2013年城阳区194个农村社区中，191个社区有收入，最少的为2.56万元，最多的达6151.8万元，平均每个社区的收入为487.3万元。城阳区农村社区经济发展的主要特征表现为以下几个方面。

## 1. 社区集体经济收入来源多元化

农村社区收入的来源呈现多元化特征，直接经营收入、土地租赁收入、厂房租赁收入、投资收益、企业及个人上交收入、补助收入、其他收入在总收入中的比重分别为 19.64%、19.18%、18.04%、14.84%、0.69%、13.63%、13.99%（见表 5-1）。

表 5-1　　农村社区收入来源及比重　　单位：万元,%

|   | 直接经营收入 | 土地租赁收入 | 厂房租赁收入 | 投资收益 | 企业及个人上交收入 | 补助收入 | 其他收入 | 收入合计 |
|---|---|---|---|---|---|---|---|---|
| 城阳 | 8353 | 4956 | 4214 | 8093 | 131 | 0 | 3069 | 28817 |
| 占比 | 28.99 | 17.20 | 14.62 | 27.90 | 0.46 | 0 | 10.65 | 100 |
| 流亭 | 38 | 4263 | 8686 | 515 | 465 | 1236 | 4799 | 24642 |
| 占比 | 0.15 | 17.30 | 35.25 | 20.83 | 1.89 | 5.02 | 19.48 | 100 |
| 夏庄 | 5319 | 1425 | 1561 | 0 | 43 | 2764 | 1122 | 12234 |
| 占比 | 43.48 | 11.65 | 12.76 | 0 | 0.35 | 22.63 | 9.17 | 100 |
| 惜福镇 | 3150 | 2225 | 1231 | 0 | 0 | 541 | 566 | 7713 |
| 占比 | 40.84 | 28.85 | 15.96 | 0 | 0 | 7.01 | 7.34 | 100 |
| 棘洪滩 | 48 | 2221 | 301 | 64 | 0 | 7318 | 2504 | 12456 |
| 占比 | 0.38 | 17.83 | 2.42 | 0.51 | 0 | 58.75 | 20.10 | 100 |
| 上马 | 1369 | 2766 | 796 | 500 | 0 | 827 | 961 | 7218 |
| 占比 | 18.96 | 38.32 | 11.02 | 6.93 | 0 | 11.45 | 13.31 | 100 |
| 合计 | 18277 | 17857 | 16789 | 13811 | 640 | 12685 | 13022 | 93080 |
| 占比 | 19.64 | 19.18 | 18.04 | 14.84 | 0.69 | 13.63 | 13.99 | 100 |

在194个社区中，有直接经营收入的社区有61个，占31.4%，平均直接经营收入为299.1万元，最少的社区收入为0.17万元，最多的达5712.8万元。有156个社区有土地租赁收入，占全部社区的80.4%，平均租赁收入为114.5万元，最少的收入为0.04万元，最多的收入达1660万元。有120个社区有厂房租赁收入，占全部社区的61.9%，平均厂房租赁收入为139.9万元，最少的为0.06万元，最多的达1422.4万元。有8个社区有企业及个人上交收入，占全部社区的4.1%，平均上交收入为80万元，最少的为6万元，最多的达446.8万元。128个社区有补助收入，占全部社区的66%，平均补助收入为99.1万元，最少的补助为0.8万元，最多的补助达3030.6万元。最高的两个补助收入为南万社区和棘洪滩社区，分别为3030.6万元和1467.9万元，除去这两个极端值，剩下的126个社区平均每个社区补助收入为65万元，最少的为0.8万元，最多的达624.6万元。有18个社区有投资收益，占全部社区的9.3%，平均投资收益为767.3万元，最少的为12.9万元，最多的达3125万元。

## 2. 社区集体经济收入结构稳定化

从街道层面来看，农村社区收入结构中最主要的三个收入来源是直接经营收入、土地租赁收入和厂房租赁收入，分别占街道总收入的19.64%、19.18%和18.04%。城阳街道最主要的三个收入来源为：直接经营收入，占28.99%；投资收益，占27.90%；土地租赁收入，占17.20%。流亭街道最主要的三个收入来源为：厂房租赁收入，占35.25%；投资收益，占20.83%；土地租赁收入，占17.30%。夏庄街道最主要的三个收入来源为：直接经营收入，占43.48%；补助收入，占22.63%；厂房租赁收入，占12.76%。惜福镇街道最主要的三个收入来源为：直接经营收入，占40.84%；土地租赁收入，占28.85%；厂房租赁收入，占15.96%。棘洪滩街道最主要的三个收入来源为：补助收入，占58.75%；其他收入，占20.10%；土地租赁收入，占17.83%。上马街道最主要的三个收入来源为：土地租赁收入，占38.32%；直接经营收入，占18.96%；其他收入，占13.31%。

从社区层面来看，土地租赁、厂房租赁、补助收入三项收入是大多数社区的主要收入来源。直接经营收入占社区收入50%以上的社区有21个，占全部社区的10.8%；土地租赁收入占社区收入50%以上的社区有48个，占全部社区的24.7%；厂房租赁收入占社区收入50%以上的社区有26个，占全部社区的13.4%；投资收益占50%以上的社区有10个，占全部社区的5.2%；补助收入占社区收入50%以上的社区有32个，占全部社区的16.5%。

## （二）社区福利开支状况

城阳区较好的社区经济发展水平为提高农村社区公共服务水平和农民福利奠定了基础。调查数据显示，城阳区农村社区的整体福利开支所占比重较高。以2013年数据为例，城阳区农村社区整体福利开支所占比例为58.9%。其中，城阳街道、流亭街道、惜福镇街道及上马街道均超过60%，夏庄街道为55.4%，占比最低的为棘洪滩街道，但也达到了27%。

按照现有的统计口径，福利开支内容包括烈军属抚优、老年及特困补助、计划生育、文教卫生、养老保险、医疗保险、村民福利及其他。

在诸多福利开支内容中，村民福利是社区福利开支中最大的一项支出。同时村民福利开支比重的变异系数最小，即其不因街道和社区的不同而有大的差异，不管是经济状况好的街道，还是经济状况差的街道，给村民发放福利的支出在福利支出中所占的比重差异很小。以2013年数据为例，6个街道直接给村民发放的福利占街道福利总开支平均比重为60.2%，其中占比最高的是棘洪滩街道（73.2%）和流亭街道（71.9%），其次是城阳街道（64.9%）和夏庄街道（52.8%），占比最低的是惜福镇街道和上马街道，村民福利占福利总开支的比重分别为37.5%和26.1%。

具体到社区层面来说，2013年城阳区6个街道总福利支出为41979.96万元，平均每个社区福利支出为216.39万元，直接发放给村民的福利支出平均每个社区为130.33万元。城阳街道共有34个社区，2013年福利总开支为17579.78万元，平均每个社区福利总开支为517.05万元，村民福利支出平均每个社区为335.64万元。流亭街道共有27个社区，2013年街道福利总开支为8536.75万元，平均每个社区福利总开支为316.18万元,村民福利支出平均每个社区为227.37万元。夏庄街道共有50个社区,2013年街道福利总开支为8564万元,平均每个社区福利总开支为171.28万元,村民福利支出平均每个社区为90.38万元。惜福镇街道共有31个社区,2013年街道福利总开支为3003.17万元,平均每个社区福利总开支为96.88万元,村民福利支出平均每个社区为36.31万元。棘洪滩街道共有27个社区,2013年街道福利总开支为2055.02万元,平均每个社区福利总开支为76.11万元,村民福利支出平均每个社区为55.72万元。上马街道共有25个社区,2013年街道福利总开支为2241.24万元,平均每个社区福利总开支为89.65万元,村民福利支出平均每个社区为23.36万元。

## 二 农村社区发展中存在的若干问题

### (一) 社区产业园区发展和带动能力不足

在54个样本社区中,33个社区村域内有产业园区，其中64.5%是村级园区、32.3%是街道开发，只有1个表示是城阳区级的园区。按建设年份，园区建设速度最快的时期是1997—2004年，当前新园区建设的速度已经放缓。这些园区中有50%左右是在2000年以前建设的，超过80%是在2005年以前建设的。但园区经济缺乏规模效应与集聚效应，超过50%的园区入园企业数量不足20家，超过90%的园区入园企业数量不足50家。并且，这些产业园区各自为政、缺乏分工，园区内企业规模小、技术水平低、带动能力弱。近50%（46.7%）的园区吸纳就业总数在500人以内。根据就业总数与企业数量计算入园企业平均就业规模，有近50%的园区入园企业平均规模不足30人，近80%的园区入园企业平均规模不足100人。这些园区吸纳的就业多数是外来人口，本村人口在吸纳就业中的比重超过50%的园区仅占园区总数的20%，对社区经济发展和就业的带动能力不足。

## （二）农村社区经济发展水平不平衡

尽管城阳区农村社区的收入较为可观，但在194个农村社区中，仍然有3个社区没有收入。191个有收入社区的平均总收入为487.3万元，但社区之间收入差距非常大，最少的仅为2.56万元，最多的高达6151.8万元。按照收入五等分的方法，将194个社区按照收入的多少分为5个组，高收入组的平均收入是低收入组平均收入的37.4倍，是中等收入组的6.9倍。调查中发现，有些社区负债累累，入不敷出，社区收入主要依靠上级政府转移支付，如棘洪滩街道的沈家庄社区，人均年纯收入约9000元，2014年村集体收入仅为62万元，但账面负债约200万元。与之形成鲜明对比的是流亭街道的杨埠寨社区，人均纯收入2万元，社区拥有一个已入驻40多家企业的工业园，能吸纳就业1000人，吸纳本村人口400人，社区年纯收入上千万元。

表5-2　　　　2013年农村社区之间的收入差异

| 社区收入分组（万元） | 均值 | 方差 | 最小值 | 最大值 |
| --- | --- | --- | --- | --- |
| 低收入组 | 41.3 | 25.3 | 0 | 71.7 |
| 较低收入组 | 102 | 22.5 | 71.9 | 142.4 |
| 中等收入组 | 225.2 | 48.5 | 144 | 320.5 |
| 较高收入组 | 475.3 | 95.2 | 325.7 | 622.6 |
| 高收入组 | 1544 | 1091.1 | 637 | 6151.8 |

城阳区农村社区的收入差距存在地域特征。流亭街道与城阳街道为经济状况最好的街道,流亭街道各社区2013年平均收入为912.7万元,收入最低的为132.6万元,最高的达2315.9万元。城阳街道2013年各社区收入均值为847.6万元,收入最少的为2.6万元,最多的达6151.8万元。其次是棘洪滩街道,2013年各社区平均收入为461.3万元,收入最少的为15.9万元,最多的达3118.8万元。上马街道2013年各社区平均收入为288.7万元,收入最少的为70.3万元,最多的达1032万元。经济状况最不好的是惜福镇街道和夏庄街道,惜福镇街道2013年各社区平均收入为248.8万元,收入最少的为70.1万元,最多的达1084万元;夏庄街道2013年各社区平均收入为244.7万元,收入最少的为0,最多的达3043.6万元。

## (三)农村社区收入增长的可持续性差,与社区福利开支的刚性产生冲突

土地租赁、厂房租赁、补助收入是大多数社区的主要收入来源。直接经营收入占社区收入50%以上

的社区有21个，占全部社区的10.8%；土地租赁收入占社区收入50%以上的社区有48个，占全部社区的24.7%；厂房租赁收入占社区收入50%以上的社区有26个，占全部社区的13.4%；投资收益占50%以上的社区有10个，占全部社区的5.2%；补助收入占社区收入50%以上的社区有32个，占全部社区的16.5%。

然而，这些主要的收入来源具有不可持续性，可能面临增长"瓶颈"。大多数社区依靠租赁土地和厂房获得收入，但土地和厂房租赁具有合约期限性，合约期一般较长，一旦租赁出去，收入在合约期内是固定的；同时，由于外资大量撤离，经济形势下滑，依靠建设厂房和园区来获得收入的空间也面临缩小。而补助收入则是依靠政府财政支持，在经济高速发展的年份，政府财政资金充足，拨给社区的补助资金也相对较多，而目前经济增长面临挑战、经济下行的情况下，影响财政收入，政府财政可能无法维持较高的财政补助，这对于主要依靠政府补助维持运转的社区来说可能会面临困境。此外，还有一些社区依靠直接经营收入和投资收益作为收入的主要来源，在过去的一些年份，城阳区借助外资大量进入带动了大量劳动力就业、经商以及社区主导的投资，但在未来经济增速下滑的状况下这些收入也可能面临缩水。

调查中52个社区平均每个社区2014年财务总支出为821.6万元，最少的支出为35.1万元，最多的支出达8100万元。其中，最主要的支出有四项：用于村级经济组织积累的支出，平均每个社区支出为258.3万元，占社区总支出的14.1%，最少的村级经济组织积累支出为0，最多的达3500万元。用于村民各项福利、补助等方面的支出，平均每个社区支出为161.3万元，占社区总支出的32.5%，最少的支出为2万元，最多的支出达800万元。用于道路、水利等基础设施建设的支出，平均每个社区支出为109.2万元，占社区总支出的13.6%，最少的支出为0，最多的支出达2050万元。用于办公经费、村组干部工资等维持村级组织运转的支出，平均每个社区为65.1万元，占社区总支出的20.8%，最少的支出为2万元，最多的支出达220万元。从支出结构可以看出，村民福利、补助，社区办公经费、干部工资，以及社区基础设施建设等方面的支出为刚性支出，不管一个社区有多少集体收入，这些支出是固定存在的。尤其是社区福利开支方面，不管是经济状况好的街道，还是经济状况差的街道，福利开支都占较大的比重，村民福利、养老及特困补助等开支具有刚性，属于每年每个街道甚至每个社区都有的固定开支。以2013年数据为例，6个街道直接给村民发放的福利占街道福利总开支平均比重为60.2%，其中比重最高的是棘洪滩街道（73.2%）和流亭街道（71.9%），其次是城阳街道（64.9%）和夏庄街道（52.8%），比重最低的是惜福镇街道和上马街道，村民福利占福利总开支的比重分别为37.5%和26.1%。

## （四）社区与街道的关系存在行政化倾向

一些农村社区干部对上不对下，社区成了街道的办事处。农村社区财务的自主性降低。例如，村干部问卷调查的数据显示，社区福利分配方案的制定中，选择由上级政府制定的占11%；在社区开支的决定因素上，考虑上级政府意见的占21%、考虑征集达标的占7%，合计占28%，考虑村民需求的比例仅为34%。

调查中发现，目前城阳区各个社区的收入要全部上交给街道农经站，主要是三资款（土地租赁、厂房租赁、房屋租赁）的上交。社区需要用钱时向街道提交申请，或者提供发票从街道领钱。5万元以下由经管站站长批（签字）即可，超过5万元的，要逐级审查上报，先由经管站会计检查，再由经管站站长签字，最后由街道片区的党支书记签字。街道经管站的干部认为，社区的钱交过来经管站只是替他们保管，防止他们违规、乱花，是为社区利益着想。而对于社区而言，这样一来乡镇对社区资金资源的支配权就很大，社区本身发展就会缺乏自主性。

## （五）城乡居民公共服务均等化程度有待提高

城阳区有关部门、街道已经出台了各自的公共服务均等化的规划或方案，但公共服务水平存在城乡差距、区域差距，主要体现在城乡基础教育经费差距、城乡教学条件、教师水平差距、城乡医疗服务水平差距、低保标准等差距仍然较大。农户问卷调查显示，在文教卫生方面，不管是普通农户还是村干部，对于目前的教学水平的满意度低于对教学条件（硬件设施）的满意度，对教学水平提高的认可低于对教学硬件设施改善的认可。医疗状况方面同样如此，农户和村干部对目前医疗条件和医疗价格的满意度，普遍高于对医生水平的满意度，对五年来医疗条件和医疗价格改善的认可也高于对医生水平提高的认可。也就是说，在教育和医疗方面，均存在软件设施（人才、质量）改善的程度低于硬件设施改善的程度。尽管教学和医疗的硬件条件有很大改善，但教师水平、医生水平仍与城市有差距。

# 三　结论与建议

城阳区自1994年建区以来，依托邻近日韩、最早的对外开放城市、机场所在地等优越条件，发挥乡镇与村两级积极性，大力发展产业园区，吸引大量内外资企业入驻，形成了空港物流、加工出口、先进制造等一系列特色园区与产业集群。经过数年来的统筹发展，城阳区农村社区发展已经取得了一定的成效，农村社区经济与农村居民收入都实现快速增长，农村社区的基础设施和公共服务趋于完善，社区居民和村干部对社区基础设施和公共服务的改善程度和认同度较高，同时农村社区治理机制也在逐步完善之中。但农村社区发展仍然面临挑战：社区产业园区发展和带动能力不足；农村社区经济发展水平不均衡；农村社区收入增长的可持续性差，与社区福利开支的刚性产生冲突；社区与街道的关系存在行政化倾向；城乡居民公共服务均等化程度仍有较大差距等。

针对这些问题，在未来城阳区农村社区发展中应重点关注以下几个方面：一是盘活农村社区潜在的土地资源，深化农村社区集体产权改革，从而为社区集体经济发展和增加居民财产性收入奠定坚实的产权基础。二是转变社区集体经济增长方式，优化产业园区结构和布局，鼓励形成以科技创新、专业化和集聚效应的产业竞争优势，注重经济发展的质量，提高社区集体经济发展的可持续性。三是通过划分街道与社区的关系，给予社区一定的自主权。四是继续加大公共财政对农村的投入，加快推进公共服务均等化。

# 案例三 青岛市城阳区农村集体"三资"管理

## 一 城阳区农村集体"三资"管理取得的成效

2008年10月,党的十七届三中全会《中共中央关于推进农村改革发展若干重大问题的决定》(简称《决定》)提出了要"健全农村集体资金、资产、资源管理制度,做到用制度管权、管事、管人"的要求。为落实党中央的《决定》精神,农业部于2009年7月发布《关于进一步加强农村集体资金资产资源管理指导的意见》(农经发〔2009〕4号),提出了要加强农村集体"三资"管理,逐步形成产权明晰、权责明确、经营高效、管理民主、监督到位的管理体制和运行机制。同时明确加强农村集体"三资"管理的四个"有利于":"有利于稳定和完善农村基本经营制度,维护集体经济组织和农民群众的合法权益;有利于盘活农村集体存量资产，增加农民财产性收入；有利于壮大农村集体经济实力，增强集体组织为农户服务的功能；有利于推进农村党风廉政建设，密切党群干群关系。"并指出了强调农村集体"三资"管理必须坚持民主、公开和成员受益基本原则，保障集体经济组织成员对"三资"占有、使用、收益和分配的知情权、决策权、管理权、监督权。资产和资源的承包、租赁、出让应当实行招标投标或公开竞价，确保资金、资产、资源的安全和保值增值，让农民群众得到更大的实惠。

2012年7月，农业部启动全国农村集体"三资"管理示范县创建工作，提出了具体创建标准①，并认定首批全国农村集体"三资"管理示范县155个，青岛的莱西县入选。2018年2月，农业部又认定第二批农村集体"三资"管理示范县，青岛的黄岛区入选。尽管城阳区没有列入其中，但是在农村集体"三资"管

---

① 创建标准包括：1. 农村集体"三资"管理制度完善，资产台账、资产和资源的承包租赁合同文本等内容格式统一规范；2. "三资"管理监督到位，全县98%以上的村能够定期全方位公开财务活动情况及有关账目；3. "三资"管理工作基础扎实，东部地区、中部地区和西部地区的村级会计委托代理服务覆盖面分别达到90%、80%和70%以上；4. "三资"档案管理规范，凡是涉及农村集体资金、资产管理的各类资料能够做到及时立卷归档；5. 集体"三资"管理机制和队伍健全，县（市、区）有专门的管理机构，所辖乡（镇）有专门机构或专职工作人员等。

理方面，城阳区走在全国的前列。早在2009年，城阳区就全面启动了强化农村集体"三资"管理工作，利用现代科学技术大力推进"三资"数字化动态管理，建立"电子管家"，实现"三资"管理的公开化、透明化。针对当时存在的村级财务混乱，村干部违法违纪、多吃多占现象突出等问题，城阳区政府制定了"三限定、五统一"的管理原则，即限定社区自主开支、招投标和备用金的"底线"；统一代理范围、统一账户管理、统一支出审核、统一管理流程、统一公开模式。并在全区八个街道建立"三资"代理服务中心，建起了囊括社区资产资源基础数据、合同、资源分布等全部家底的"电子管家"监管系统，规范了资产、资源转让、租赁和添置、报废等审批招标监管流程，每个社区"三资"内外往来情况得以及时掌控。普通村民通过电脑可以直接点击了解本社区集体"三资"使用情况。与此同时，每年关于集体"三资"使用和收益分配情况也继续在每个社区的公开栏中张榜公布。

到2014年年底，城阳区农村集体"三资"管理实现了基层社区的全覆盖，成效突出。课题组的问卷统计结果也从一个侧面反映了这一情况。54个村干部样本中，对于社区收入与支出规范管理的情况，回答社区收入"一律进账"的为100%，回答"不都进账"和"不清楚"的比例均为0。并且，对于社区的支出，回答"有计划"的比例也占100%（见表5-3）。

表5-3　　　　社区收入与支出的规范管理情况

| 1. 社区收入是否进账 | 样本量 | 占比（%） |
| --- | --- | --- |
| 一律进账 | 54 | 100.00 |
| 不都进账 | 0 | 0.00 |
| 不清楚 | 0 | 0.00 |
| 2. 社区花钱和支出是否有计划 | | 100.00 |
| 是 | 54 | 100.00 |
| 否 | 0 | 0.00 |
| 有，但没有执行 | 0 | 0.00 |

## 二　当前城阳区农村集体"三资"管理存在的问题

### （一）村民参与的积极性弱

从课题组的调研情况来看，参与问卷调研的村民对集体资产的关切程度并不尽如人意。149个有效村民样本中，不知道本社区集体经营性资产的规模、收益情况和分配情况的占比分别为61.07%、56.37%和57.71%，占了样本量的一半以上。而对本社区集体经营性资产的规模、收益情况和分配情况"知道"的占比只有19.46%、25.50%和24.83%，其余的是"知道一点"。

## （二）乡镇政府存在一定的越权干预行为

按照现行法律，乡镇政府对于村委会的职能定位是支持、指导与帮助，不能干预村集体的内部事务。《村民委员会组织法》第五条规定，"乡、民族乡、镇的人民政府对村民委员会的工作给予指导、支持和帮助，但是不得干预依法属于村民自治范围内的事项"。该法第八条第二款规定，"村民委员会依照法律规定，管理本村属于村农民集体所有的土地和其他财产，引导村民合理利用自然资源，保护和改善生态环境"。

鉴于目前农村普遍存在的村财务管理混乱，干群矛盾尖锐等问题，城阳区根据农业部关于村级集体资产管理规范化的相关规定，依据《青岛市村级集体资产和财务管理规定》（青办发〔2005〕10号）（以下简称《规定》），实行财务委托代理服务，通过委托代理关系，采取村财乡管制度。为保障村民自治制度的有效落实，除"代理不越权"作为乡镇代理村财务的一项重要原则外，《规定》特别强调以"村集体资产的所有权、支配权和收益权不变"为基本前提，但是在"村财乡管"的执行中，存在一定的越权干预问题。

课题组的问卷调查中对"在村庄的自有资金、资源的支配方面，哪一方的支配权较大"这一多选题中，有54个村干部做了回答。其中，认为"村的支配权较大"的有25人，占46.29%，尽管它是各类选项比重最高的，但是仍然不足一半；认为"乡镇支配权较大"的有17人，占31.48%，认为"双方必须协商，任何一方不同意都做不成的"有12人，占22.22%，另外还有7.40%的人认为，"说不好，看情况，不同的事情不一样"（见表5-4）。

进一步地，对于多选题"村庄自有资金的使用和分配通常是哪种方式决定的"，54名样本村干部的回答比例分布中，"上报上级乡镇批准"的选项比例最高，为

87.04%；第二是"全部由本村自行决定"，占比72.22%；第三是"需要上报，但并不需要乡镇批准"，占62.96%；第四是"超过一定金额的支出，必须经上级批准"，占53.70%（见表5-5）。

表5-4　村庄自有资金和资源使用的支配权

| 选项 | 样本 | 占比（%） |
| --- | --- | --- |
| 1. 村的支配权较大 | 25 | 46.29 |
| 2. 乡镇支配权较大 | 17 | 31.48 |
| 3. 双方必须协商，任何一方不同意都做不成的 | 12 | 22.22 |
| 4. 说不好，看情况，不同的事情不一样 | 4 | 7.40 |
| 5. 说不清 | 0 | 0.00 |

注：由于此调查为多选题，所以此处样本量为选择此项的人数，下同。

表5-5　村庄自有资金的使用和分配的决定

| 选项 | 样本量 | 占比（%） |
| --- | --- | --- |
| 1. 全部由本村自行决定 | 39 | 72.22 |
| 2. 上报上级乡镇批准 | 47 | 87.04 |
| 3. 需要上报，但并不需要乡镇批准 | 34 | 62.96 |
| 4. 超过一定金额的支出，必须经上级批准 | 29 | 53.70 |
| 5. 其他 | 2 | 3.70 |
| 6. 说不清 | 0 | 0.00 |
| 总样本量 | 54 | |

从这些看似有些矛盾的选择中，至少反映了以下两点，一是村集体的资金使用在乡镇政府的有效监督下进行，"村财乡管"制度执行良好；二是乡镇政府对村自有资金的使用支配权和收益分配权有较强的制约力，并且存在一定程度的干预。可以说，乡镇政府从某种意义上讲，是扮演了一票否决的审判官的角色。

进一步地，乡镇政府对社区的控制力从村干部在决定社区支出和开支中考虑的因素中也有一定程度的反映，主要是考虑"增加集体收入"和"村民要求"，分别占79.63%、70.37%，但同时将考虑"上级政府意见"的样本比例也有42.59%（见表5-6），进一步反映出乡镇政府在决定社区支出中的控制力。

表5-6　　决定社区支出和开支通常考虑哪些因素

| 选项 | 样本量 | 占比（%） |
| --- | --- | --- |
| 1. 增加集体收入 | 43 | 79.63 |
| 2. 上级政府意见 | 23 | 42.59 |
| 3. 村民要求 | 38 | 70.37 |
| 4. 政绩达标 | 8 | 14.81 |
| 5. 根本没有村级社区投资 | 0 | 0.00 |
| 6. 其他 | 0 | 0.00 |
| 7. 说不清 | 6 | 11.11 |

在对社区干部和有关部门的访谈中，课题组也了解到，乡镇政府对于村组织重大支出，特别是对收益的分配方面，严格把控，与问卷反映的情况有较大的吻合度。这种做法，对于防止村干部滥用职权谋私利，保护农民弱势群体的利益，以及避免村干部行为短期化、为迎合农民或培养票箱，举债发放福利等问题，发挥了重要作用，但是，同时乡镇政府对村财务管理的控制力也是一把"双刃剑"，特别是在依法治国的时代，乡镇政府的行为存在一定的越权风险。通过村委会的委托，乡镇政府来代理村财务支出的行为是有边界的。乡镇政府更应扮演监管的职责，在守住法律底线的同时，尊重村委会的自主权、决策权。如何避免"一管就死、一放就乱"的问题，仍然是一个需要破解的课题。

城阳区农村"三资"管理反映出来的问题，首先是与现行制度规定有关。按照青岛的《规定》第十三条，"村级经济活动中，村民委员会负责按支出预算，提前作出用款计划，报镇（街道办事处）审批后才能支出。村级开支的审批限额和审批权限，由区（市）农业行政管理部门制定。"这里既没有进一步规定镇（街道办事处）的审批权的权源的法律依据（因为按照委托—代理理论，乡镇代理村财务，是一个为委托人村委会打工，是"雇员"的角色，而不是"裁判官"的角色），也没有进一步规定镇（街道办事处）实施审批权的边界为何（如乡镇一级应是作为监管者、监督村委会以不违背财经相关法律法规为底线，而不能是作为村集体财产的产权所有者获得资金使用的支配权），现行政策和部门规定的模糊为镇政府在代理村财务管理的越权行为埋下了隐患。

另外，最根本的是农村集体产权改革不到位，集体资产还没有实现落实到成员、落实到农民成员共同共有的财产权的变革。在这种制度背景下，集体资产经营状况与农民个人利益没有直接的联系，仍然存在集体资产与收益"人人有份"，同时也"人人无份"的问题，集体财产的所有者缺位问题没有彻底解决，因此，村民对集体资产的使用权、处置权的行使权限不足，造成存在要将集体资产分光吃尽的内在动力；同时也易造成村干部对集体财产公权私用，甚至公产私有的潜在风险，以及乡镇政府越权代理缺乏村民制衡或约束机制三个方面的问题。

## 三 深化改革、完善城阳区农村"三资"管理的建议

城阳区政府充分认识到了当前农村集体"三资"管理方面的问题。2015年,城阳区政府工作报告强调指出要"做足社区资源盘活文章,抓好'一村一策',进一步壮大社区集体财力。新建5处街道级社区产权交易中心。进一步规范社区财务管理,切实提高社区'三资'监管水平"。为实现政府工作报告的目标,建立起农村集体"三资"管理的长效机制,课题组提出如下建议。

### (一)创新理念:从被动的"管起来"到主动的"活起来"

建议城阳区有关负责部门首先要转变对农村集体"三资"管理的观念,从过去局限于静态的"(监)管起来",向着产权清晰基础上的"(公开交易)活起来"转变,即将农村集体"三资"管理和监督信息化

平台建设与深化农村集体产权制度改革以及产权交易中心建设有机结合起来。"确权—交易—监管"一盘棋，应成为近期政府深化农村集体产权改革的中心工作。近两年工作的重点应是通过清产核资、明晰产权归属、建设统一的产权交易中心，将集体"三资"全部进入产权交易中心，进行网上公开竞价。建立起有效的集体"三资"运行管理监督机制，实现农村集体"三资"跨社区的市场有效配置，真正实现集体资产、资源、资本的价值最大化，让农民能够直接地分享城市化的成果。

改革的落脚点是让农村集体"三资"流动起来、通过在交易平台进行公开交易、通过产权主体的流转来发现并实现"三资"的价值，将保护农民利益，保障农民成为城市化中的受益者而不是受损者的政府目标落地。

## （二）完善深化农村集体产权改革的工作实施方案

借鉴上海闵行区、广东南海、北京大兴、辽宁海城等地的改革经验，建议城阳区政府从以下几个方面入手完善现有的农村集体产权改革实施方案。

**1. 制定村级集体经济组织清产核资工作方案**

重点明确清产核资的范围包括属于村集体经济组织的土地、经营性资产和非经营性资产以及资金等全部资产。先账内后账外，全部进行清理核实，并统一基准时点。其中对于经营性资产，建议规定由社会第三方评估机构进行评估。为落实《青岛市村级集体资产和财务管理规定》关于村改居集体产权股份化改革的规定奠定扎实基础。

**2. 完善村集体经济组织集体资产产权界定暂行办法**

明确产权改革的范围，一是对于土地资源和非经营性资产是否列入改革范围需要有明确规定，原则上应当把土地纳入进来，并且与经营性资产的量化分开、单独进行承包经营权的确定。但是，对于城市化社区遗留问题突出或有特殊情况的，可以暂缓。二是对是否需要增资扩股，成员现金入股，需要有明确的说明，并且应只局限于经营性资产。建议以存量资产量化为主，成员现金入股仅与存量资产量化的配股结合在一起。三是明确产权界定的基本原则，即"依据法律、尊重历史、照顾现实、实事求是"。凡是有法律法规和政策依据的，严格贯彻执行。在法律法规与现行政策有冲突的地方，依照法律法规进行。同时尊重社区成员的民意，坚持民主决策原则。四是对于上级政府的财政支持形成的资产的归属需要有统一的规定。建议按照赠予性财产来处理，不再像一些地区那样，产权转移到相关的政府部门。

### 3. 制定社区成员资格认定的指导办法

成员资格认定涉及广大农民的基本民事权利，是农村集体产权改革能否成功的关键点。界定农村集体经济组织成员身份的基础是区分构成本社区辖区范围人口构成中的居民、村民、农民、成员之间的区别与联系。

从基本概念看，居民是在行政社区地理辖区内固定居住的人口，但村民不仅是一个居住地的长期居民概念，还是一个户籍概念，即是"户籍+居住地"概念。如修订的《村民委员会组织法》关于有资格参加选举的村民名单，就明确包括"户籍不在本村，在本村居住一年以上，本人申请参加选举，并且经村民会议或者村民代表会议同意参加选举的公民"。

农民在中国是一个身份概念，1958年1月，《中华人民共和国户口登记条例》将我国的人口区分为"农业户口"和"非农业户口"两种不同的户籍，并对人口自由流动实行政府管制。从此，农民成为我国农村的基本人口主体。

而集体经济组织成员则是一个产权主体概念，是与土地集体所有制相联系的。农民成员集体是本村或村民小组辖区内的集体土地的所有权人。农村集体经济组织成员是拥有本村集体土地承包经营权的农民家庭成员。

农村集体经济组织成员与村民、农民概念关系密切，在改革开放前，三者是高度统一、重叠的。改革开放以来，三者之间的关系出现了松动、彼此分离，又相互交叉。成员不一定是村民或农民，如那些迁出村庄、落户小城镇，从事非农产业，但是保留了本村集体土地的承包经营权；同样的，村民或农民也不一定是成员，如那些从其他地区迁入到本村的其他农村集体经济组织成员。在城阳区整体"村改居"的背景下，原村民还增加了一个"居民"身份概念。

课题组认为，农村集体产权改革赋权的是农民成员，判断农民成员与否的关键在于是否拥有本集体经济组织集体土地的承包经营权或土地承包经营权的资格。集体产权制度改革首先是要将集体资产的股权赋予那些"村改居"前的村民、农民与成员身份重合的那部分农民群体，"村改居"后村民变为居民，同时是保留农民、成员资格的这部分群体以及在本社区新出生的这部分群体的后代。

对于那些曾经是本村的农民成员，但是，目前退出集体经济组织或不再是农民的群体，在此次的农村集体产权制度改革中获得的只是对过去劳动贡献和曾经的农民成员身份的一次性补偿和认定；对于未来可能获得农民成员的潜在群体需要在此次的产权制度改革中予以明确。

因此，在明确界定成员概念的基础上，建议城阳区政府出台文件，统一规定集体经济组织成员的认定起止时间。如以成立城阳区之日起，以改革时点为基准截止日。对出嫁女、入赘、领养等合法途径进入社区，以及因政府征占地而被迫丧失土地承包经营权的特殊人群给予统一的认定办法，防止一些社区用村规民约侵犯妇女利益，引发社会不安定因素。对股份设置，如人口股、劳动贡献股、集体股等，建立全区统一的基本标准或基本设定原则。建议在成员资格认定中，以户籍为基础，以是否承包过土地、是否承担过村民的义务，以及生活来源与集体是否存在依赖关系等为辅助，以排除那些通过私人关系等不合法手段落户的外来社区成员。

  课题组认为，集体经济组织成员不是作为独立个体成员存在的，而是作为构成集体成员一员的成员存在的，它意味着单个成员如果脱离了成员集体，就不成为集体的成员，也就丧失了其相应的个人权利。并且，成员资格是个人权利，个人权利是随着个人的消亡而消亡，不能继承。但是，成员的财产可以继承，按照《继承法》的有关规定，继承人没有遗嘱的情况下由法定继承人继承，有遗嘱的遵遗嘱。那么这样就会出现成员享有的集体财产股份份额由非成员继承的情形，从而出现集体经济组织财产权的混合所有制形式，如果集体经济组织的改革坚持股份合作制性质，建议对这部分股权按照优先股股权处置。即继承者只有优先分红权，没有投票权。并且，不管继承者是一人还是多人，与集体经济组织对接的只能是一户一个代表，准成员也是以户为单位。这样既保护了当事人后代的合法收益权益，也保护了现有其他成员对集体资产的控制权，同时也不增加集体经济组织的股权管理成本。

### 4. 制定产权改革选择方案和财政扶持办法

建议城阳区采取渐进方式，而不是全面铺开的方式开展产权改革，在总结现有四个社区的产权改革经营的基础上，选择集体净资产超过1000万元且年净资产收益率达到10%以上的社区全面开展产权制度改革。改革模式建议选择建立村股份经济合作社，并统一于工商部门协调，取得法人资格，以降低因现行税收制度不配套造成的改制成本。

基于村股份经济社区承担政府公共支出的功能，对所提供的社会治安、社区教育（对外来打工子女的教育）、环境整治、卫生清洁、社区道路路灯等公共设施维护、"五保户"抚养、优抚等开支给予税前列支的办法，以体现公平竞争。

### 5. 统一制定农村集体产权改革的工作费用标准和建立统筹基金制度

明确村集体可以设置预留改制工作费用额度，包括人员费用开支、交通费用等，以及建立处理、应对历史遗留问题的统筹基金制度，如不超过净资产量的5%等。

## （三）完善社区组织体系架构

通过改革，逐步完善社区的组织体系。将承担村民生活服务与自治的社区组织与围绕集体"三资"开展经营性活动的社区股份经济合作社彻底分离。形成社区公共服务—经济独立经营—村民自我服务三足鼎立之势的村级组织架构。其中，在经济方面，继续稳步推进农村"三大合作"，包括以产品、产业为纽带的专业合作；以承包地为纽带、规模经营的土地股份合作；以及集体经营性资产量化到成员的新型股份合作。以集体"三资"为载体，面向市场，独立开展经营活动，实现资源收益最大化，以最大限度地增加集体经济组织成员的财产性收入。通过多种形式合作，增加农户的经营实力和收入来源。

对于社区公共服务，根据社区经济实力状况，采取自我服务与区财政进行补助相结合的办法，对于无集体统一经营收入的社区，采取区政府按照社区人口规模和地域规模进行转移支付，以维持其正常运转，从发展来看，逐步纳入全区乃至青岛街道公共物品服务"一盘棋"，将包括外来人口的社区全体居民的社会、文化等公益性服务职能囊括进来。

同时，鼓励各种村（居）民的自我 NGO 组织的发育，弥补社会公共服务的不足，满足村民多元化的社会文化生活需求。

### （四）整合资源、建立全区产权交易平台

借鉴武汉、成都、北京及海城等地的产权交易平台建设经验，建立城阳区集体"三资"产权交易平台，与已有的集体财务管理监督平台形成有机体系，无缝对接。对集体"三资"从静态为主的政府管理监督为主转向动态的社区股份合作社直接的（资本）市场交易为主。通过政府文件规定所有社区（股份）经济合作社等集体经济组织所有的产权交易行为必须在集体"三资"交易平台进行，对集体"三资"不允许场外私下非公开交易，以实现集体"三资"要素的市场价值最大化，让集体"三资"的交易在公开、透明、公平

交易的平台进行，接受全体成员乃至社会的监督。

"三资"交易平台的具体运行通过成立城阳区产权交易所来独立运营，农业局为主管部门。该组织为非营利性公司制企业法人，对交易服务对象不收取服务费，通过政府财政补贴交易平台的运行费用。从组织架构上，街道一级的产权交易中心为其分支机构，而社区一级作为产权交易的服务站，负责向本社区成员提供交易信息。根据集体经济组织交易品种的规模大小和品种类型，交易所可以委托分支机构进行。通过互联网系统实现"三资"交易的实时联网，信息的同步化。

交易品种的设定可按照成都农村产权交易所"三资"的性质分类，如土地、林地、宅基地使用权、建设用地使用权等产权类的交易；集体经营性建设用地指标的交易；以及实物资产处置的交易。另外，借鉴北京产权交易所的经验，在产权交易为核心业务的同时，可以尝试开辟农村金融服务板块，以交易的产权为载体，开展融资租赁、农业保险、农业担保等服务的拓展。进一步地，区政府可以积极协调帮助交易所与产权评估机构、产权仲裁机构、银行机构、担保机构和保险机构共同合作，开展产业项目融资、城镇化建设基础设施项目融资等，打造农村集体"三资"信息发布、产权交易、投融资服务、资产处置等多种服务功能为一体的专业、公信、权威的综合服务交易平台。真正盘活集体"三资"，从源头上建立起增加农民财产性收入的制度基础。

## （五）建立完善的产权交易平台的运营管理体系

**1. 建立健全农村产权交易服务体系，实现区—街道—社区多级协作联动**

以城阳区产权交易平台为核心，在每个街道建立产权交易服务站，作为区产权交易中心的分支机构，以大学生村干部、村会计以及就业服务信息员等群体为重点，培训一批兼职农村产权交易信息员，定期发布产权流转信息，提供产权交易主体的信息登记和材料审核服务，并接受城阳区产权交易中心的委托，负责小额资产的产权交易；在社区一级设立产权交易服务点，依托村"两委"的 e 点通的信息化建设，将产权交易服务作为其中的一个内容。

**2. 制定统一的交易管理范式、健全完善的制度和技术保障**

由交易所建立区—街道—社区统一的交易管理模式，实行"统一交易规则、统一交易鉴证、统一服务标准、统一信息发布平台、统一交易监管"，健全产权交易的制度保障。其中，交易规则包括一般性的《城阳区农村产权交易管理办法》，以及按照交易品种，如土地承包经营权、林权、宅基地使用权、集体经营性建设用地、集体经营性建设用地指标，以及一般性生产设施类产品等《各类产品交易细则》，明确交易规则、资产评估办法、交易机构、交易方式和程序，规范交易行为，实现阳光交易。

建立农村产权电子交易与信息管理系统，实现信息管理的区、街道、社区的全覆盖，同时开发电子交易软件，开展电子网络交易，实现信息发布，交易审核、交易鉴证、交易结算、交易监管等综合业务的网上公开交易，保障全部交易程序在线上完成，避免"暗箱操作"。

建立农村产权交易会员合作体系。引导负责产权交易的经纪人机构以及提供支撑服务的审计、公证、评估和律师等服务机构的相关人员自我组织起来，建立产权交易的中介服务会员组织体系，为产权交易的顺利推进提供技术支撑，同时也有利于会员间的自我服务和自律。

## 案例四　北京市大兴区农村集体经济发展状况

作为国家农村改革的前沿阵地之一，北京大兴区长期承担着我国农村集体经济产权改革先行先试的工作。2015年5—9月，崔红志研究员、苑鹏研究员、刘同心博士一行三人就大兴区集体资产股份权能改革进行调查，走访了区内的多个镇、村，与30多位村社成员进行了深入交流，并就有关情况与区、镇有关部门人员以及有关学者召开了多次研讨会。为了总结经验、深化改革，课题组归纳了大兴区集体资产权能改革的具体做法、经验及其面临的问题，最终在借鉴其他地区做法的基础上提出了有关政策建议。

# 一 对集体经济组织进行股份化改造

大兴区自2002年启动农村集体经济产权制度改革工作以来,在处于城乡接合部的西红门、旧宫、黄村等镇进行试点探索。2010年,大兴区的农村产权制度改革进入全面推进、整体提升阶段。目前,全区527个行政村、560个集体经济组织完成产权制度改革工作,为进一步发展壮大集体经济奠定了坚实基础。

## (一) 做好清产核资、成员界定等基础性工作

清产核资和集体组织成员界定是集体资产产权改革中两个最重要的基础性工作。为此,大兴区精心谋划、狠抓落实,只要是产权界定归属为村集体的资产,包括账内的、账外的,流动的、固定的,有形的、无形的,都将其纳入清产核资的范围。因农户承包的土地在第一轮承包时已经人均量化,故不再重新量化,只进行资产清登。目前仍属集体的土地,征地收入归入集体账户,集体的经营性建设用地,列入村集体资源台账,租金收

益列入年底收益分配。针对有明确权属的集体经营性、非经营性、资源性等全部资产范围，各村按照区级统一制定的十二张清产核资报表，采用先账内后账外，先登记后清查的方法清登核查。对于国家援助、新农村建设新增固定资产先进行权属确认，并纳入账内核算，暂不能纳入的，建立资产台账，记载资产状况、形成时间等，确认资产存在。在清查过程中，按照"不激化矛盾，不留下隐患"的原则，对于账实不符、盘亏盘盈、债权债务、呆账坏账等一些历史遗留问题，能追缴的尽量追缴，能核销的尽量核销。

对于集体经济组织成员身份的确定，大兴区在改革中坚持依法依规、坚持尊重历史承认现实、坚持尊重群众意愿和民主决策、坚持与承包经营权确权人员有效衔接四项原则，给出了13类人界定标准，形成了"以在册农业户口为基准线，采取三放宽两限制的成员资格界定"办法，具体就是：改革基准日在册农业户籍人员＋农转非大中专在校生＋户口未进驻的外埠婚娶人员＋小城镇户口人员－1984年以后外来户且未缴纳入社资金人员－子女顶替工作居转农的人员。另外，改革基准日时死亡的不再认定为集体经济组织成员，其他特殊人员身份界定情况交由代表会讨论决定。为了财务统计的方便，大兴区村集体清产核资与成员界定工作的改革基准日主要选择年底、年中（6月底）两个时点。

## （二）制定股改指导性办法，明确集体成员股权

通过改革赋予农民更多财产权利，明晰产权、完善权能，积极探索集体所有制的有效实现形式，不断壮大集体经济实力，不断增加农民的财产性收入，是党的十八届三中全会《中共中央关于全面深化改革若干重大问题的决定》的要求，也是2014年10月中央通过的《积极发展农民股份合作赋予农民对集体资产股份权能改革试点方案》的重要目标原则。清产核资后，为划断集体化时期农户的入社股金以及其劳动贡献积累与现有集体经济组织的关系，大兴区采取了两个步骤，将村集体经济组织资产的一部分分配给在集体化运动中曾入股或参与集体化生产的农民（包括转居转工者、外嫁女性等）：第一步，将20世纪50年代农村合作化运动中，社员投入集体经济组织的现金、牲畜或其他生产资

料等，列为社员的原始入社股金[①]，用这些股金乘以 15 折算成 1999 年的现值作为起始股金，产权改革时计算支付这部分起始股金的本金及利息收入；第二步，对集体化时期的原社员依劳龄贡献留存在集体资产当中的份额，以现金形式一次性兑现。关于劳龄，由于档案资料不全，大兴区普遍以适时的年龄取代真实年龄，具体算法为：以 1956 年 1 月 1 日至一轮承包开始 1983 年 12 月 31 日之间的 28 年间为集体经济组织成员参加集体劳动的劳龄确认期。个人劳龄的计算起点为 16 周岁。劳龄的计算时间以年度为单位，超过 6 个月不满 1 年的按 1 年计算。依上述算法，1967 年 6 月 30 日前出生的成员才可能有劳龄，劳龄最长不超过 28 年。如此一来，集体经济组织在确定集体剩余净资产的股权以及下一步改革时，就不再背负历史包袱了。

在处置集体化运动中原社员投入的原始入社股金及其劳动贡献的基础上，大兴区要求改革村按比例设置集体股、个人股。集体股是指集体净资产中，划归为集体经济组织成员共同所有的股份，不高于总股本的 35%，

---

[①] 原始入社股金的认定有两种办法：一是依据村集体保存的原始入社股金账的记载；二是根据社员个人持有的"股份基金证"给予认定。

用于处置遗留问题、可能需要补缴的费用、社会保障支出等。个人股是指个人作为村集体经济组织成员天然获得的股份，不低于总股本的65%，由基本股、劳龄股、土地承包经营权股、其他个人股等组成。其中，土地承包经营权股主要针对土地实行统一经营的村社，比如狼垡二村；劳龄股是指未一次性兑现劳龄贡献的村，对自本集体经济组织成立以来农民个人作为集体成员参加集体生产劳动年限（贡献）折算成的股份。劳龄股的确认不仅包括现成员，还包括原成员。无历史遗留问题或已经解决历史遗留问题的村社，集体净资产可以100%量化到个人，即不保留集体股。此外，大部分村经过民主决策程序，决定独生子女父母和政策性转居人员按现行成员基本股的一定比例获取补贴，从集体股份分红中列支。股权改革后的成员股份一旦确定，在集体组织成员内部固化，实行"生不增、死不减"。股权既可以在股份经济合作成员内部转让，也可以在家庭内部成员之间继承。

## 二 探索集体资产经营的有效途径

为巩固产权改革成果,在大兴区政府有关部门的支持引导下,各镇、各村社本着求稳、求精、求实效的原则,选择了符合村情、风险低、收益好的项目实施,探索建立了以下几种主要的资产经营模式。

### (一) 集中理财

在大兴区有关部门的协调下,一些产权改革后的村集体经济组织采取委托贷款的形式,通过银行监管,将征地补偿资金及集体积累资金,借给区内重点国有企业,实现区域资金内循环。截至 2015 年年底,全区 10 个镇 142 个村集体经济组织贷给区国有企业兴创、兴展、物资集体公司等金额 79.2 亿元,年委贷理财利息收入可达到 5.5 亿元,增加了集体经济组织收入,实现了资金供给方与需求方"双赢"。

## （二）留地（或商业地产）安置

征用村集体土地时，除货币补偿之外，大兴区还向涉及的搬迁村提供额外的实物补偿（通常是预留部分集体建设用地或商业设施），以增加搬迁村农民资产性收益。西红门八村在新媒体产业基地建设用地中留出60亩用于村集体产业发展，确保搬迁村民长久性收益；旧宫镇预留回迁房下底商4.6万平方米的收益补偿作为旧宫镇一村、二村、三村、四村4个村集体的长期收益保障。黄村镇新城北区6个被征地村获得3.2万平方米商业设施收益补偿。为了使商业设施利益最大化，黄村镇成立镇属公司对商业设施进行统一经营和管理，各村收益分配比例按村庄征地面积比例确定，村民收益分配按村庄股份分红确定。

## （三）购买底商出租

大兴区引导村集体利用集体资金购买底商，让资金变资产，以资产价格上涨和长期稳定的租金收益来实现集体资金的保值增值。例如，黄村镇的北程庄、四街两个搬迁村，分别出资4000万元和6800万元，购置了4700平方米和3600平方米的商业设施，然后将门店出租，租金收益纳入村集体股民收益分配；西红门镇组织11个搬迁村投资2.5亿元，以1.5万元/平米购买底商1万多平方米，每年可为村集体带来2040万元的租金收益。

## （四）经营第二、第三产业

有些地理区位较好、集体经济基础较强的村庄，利用集体建设用地建设产业设施，拓宽集体经营渠道，发展第二、第三产业，增加集体收益。例如，旧宫镇统筹空间产业布局，按照分片组团式发展的思路，将19个村划分为4个经济片，每片成立一个集体资产经营公司，统筹发展一个项目，统筹推进项目开发、农民上楼和旧村改造，项目收益归该片集体经济组织所有。旧宫片区4个村社，以旧宫新苑回迁房底商为主；庑殿片5个村社，以"世界之花"商业设施项目为主；南街片4个村社，以"电商谷"商业设施项目为主；集贤片6

个村社，以集贤片回迁房底商为主。目前，庑殿、南街、旧宫三个片区的产业项目已经初见成效，年收益可达3亿元。西红门镇统筹利用集体建设用地，实施联村自主开发模式。以寿保庄为试点，对27个村工业大院进行改造升级，探索镇级统筹下的农村集体建设用地利用模式，即以政府为引导、农民为主体、各村集体土地入股，设立镇级统筹的集体联营公司运作模式。这种模式把分散的工业大院改造发展为高科技园区，有助于促进产业转型升级。黄村镇狼垡二村通过旧村改造提高集体建设用地使用效率，建设工业大院、公交驾校和地下商业中心，从而拓宽集体经济发展空间。

## （五）联村入股合作

除支持单个产权改革村发展壮大集体经济，实现集体资金保值增值外，大兴区还注重整合区域内的资源，推动从单村独自经营向镇级统筹、联村联营路径升级，引导经济发达村带动经济落后村共同发展。例如，黄村镇统筹不同发展阶段村收益分配，实施联营统管多元化发展模式。针对55个村级经济发展呈现梯次分布的特点，成立了镇属北京天河浩宇资产管理有限公司。由公司作为跨村项目开发与投资管理主体，带领55个村共同发展。又如，黄村镇8个较富裕的村，带动10个经济落后村，采取股份制形式，共同出资2380万元，入股参与印刷包装基地厂房建设，年收益达800万元，实现了产权改革村集体资金的有效利用和区域经济的协调发展。西红门镇以集体联营的北京市盛世宏祥资产管理公司作为统筹平台，各村股份份额按照各地块面积及所处的区位等虚拟作价折算，采取保底收益与浮动分配相结合的方式进行收益分配。

除上述方式外，大兴区有关部门还实施管理挖潜，提高了集体资产的经营效益。比如，西红门镇各村通过降低工程费用、做好村级重要事项咨商和招投标工作，节约了集体开支、增加了集体收入；黄村镇郭上坡村出租土地面积140亩，原年租金只有20万元，经合同清理后年租金收入达到170万元。仅清理与规范合同进而提高土地租金一项，就使全区村集体增加1亿多元。其他镇的各村在产权改革时，也注重建立价格递增机制，清退低端产业，提高产业档次，从而保障了集体资源资产的收益。

## 三　大兴区集体资产权能改革的经验

农村改革是全面深化改革的重要组成部分，积极发展农民股份合作、赋予农民对集体资产股份权能改革，是党的十八届三中全会《中共中央关于全面深化改革若干重大问题的决定》提出的明确任务。作为发展农民股份合作、赋予农民对集体资产股份权能改革的试点之一，大兴区结合自身的实际情况，进行了富有成效的农村产权制度改革，积累了丰富的改革经验。

### （一）兼顾历史，着眼未来

农村集体的资源资产是历史积累的结果。为了减少改革阻力，消除改革隐患，大兴区在清产核资和股权分配时，充分考虑历史因素。一方面，对历史形成的债权债务、呆账坏账等问题，尽量追缴、核销，从而可以彻底地对净资产进行股份化改革。另一方面，对历史上为集体经济发展和集体资源资产积累做出贡献者，计算其劳龄并设置劳龄股。劳龄的确认不仅要在村里张榜公示，还要在《北京日报》进行劳龄登记公告，以广泛告知有关人员，避免因遗漏已外嫁或迁移的原村民而给日后工作留下隐患。

改革的目的是通过制度变迁促进经济社会发展，必须做好前置性工作，为进一步深化改革奠定基础并留有空间。作为改革的第一阶段，大兴区目前的集体资产股份权能改革，主要集中在股份占有和收益权方面。当然，为了推进权能改革，大兴区开始引导一些集体经济组织制定股份继承办法，还与北京农村产权交易所、华夏村镇银行等联合，尝试推动集体资产股份收益权质押贷款等工作。

## （二）坚持程序公正，减少改革风险

保障农民集体经济组织成员权利，是农村集体资产产权改革的重要基础。这要求在产权改革时找到具体办法，清晰界定农村集体经济组织成员身份，明晰集体产权归属，将资产折股量化给集体经济组织成员。为了做好上述工作，减少制度变迁的阻力和矛盾，大兴区在清产核资、成员界定时，努力确保信息公开，追求程序公正。清产核资结果的审核认定严格遵循三个程序，即成员代表大会确认、镇政府审核、区经管站认定。在确定集体经济组织成员时，在不违背法律政策的前提下，允许成员代表大会民主决策。各村关于股东的名单、劳龄的确认，都三次张榜，广求意见，再作最后决定。至于嫁入的媳妇、出嫁的姑娘、入赘的姑爷以及不符合计划生育政策超生的子女，是否给予或部分给予成员资格，则由各村村民代表大会自主决策。为了规范发展，大兴区还要求各产权改革村，将资产量化、股权设置、收益分配等写入新型集体经济组织章程。

## （三）考虑区域差异，改革形式灵活

农村集体资产产权改革，必须结合不同类型村庄的实际情况，避免"一刀切"。大兴区把瀛海镇、黄村镇等实行整体村转居的集体组织作为工作重点，具有合理性。农村集体经营性资产的产权改革是否都要搞股份量化，这取决于产权制度改革的操作成本与收益之比，也取决于农村的客观实际。除了前述提到的针对不同类型村庄，允许施行不同类型的集体资产经营管理方式外，大兴区还在集体资产股份设置形式上，对已经融入城市社区的村（转居村）与其他常态村庄做出区分。常态村股份设置新增死减，成员股东3—5年动态调整，股权持有人不得退股、不得赠予、不得转让、不得继承。整建制转居村以改制日（转居日）为时点，固化成员、固化股份，生不增死不减，不得退股、不得赠予、不得转让，可以继承（允许个别村在成员代表大会讨论后暂时不固定成员）。

## 四 大兴区集体资产股权改革面临的困难与问题

随着改革走向"深水区"，大兴区集体资产股份权能改革在取得瞩目成绩的同时，也面临着一些困难和问题。

### （一）如何认识集体边界、集体成员与集体经济发展的关系

不断壮大集体经济实力是农村试点改革的目标之一。那么试点地区必须考虑的是，集体边界、集体成员

与集体经济发展有何联系，如何借助产权制度改革加快集体经济发展。

当前，很多改革试点区都把集体经济组织的边界，默认为原来的行政村。这种观念对集体资产产权改革和集体经济组织发展壮大都颇为有害。由于各村庄在地理区位、产业基础、资源禀赋、领头人能力等方面都存在很大的差异，在股权改革之后，集体经济组织必然进一步分化。一些底子薄、禀赋差、领导团队缺乏的集体经济组织将日趋没落。而一些发展好的集体经济组织，有意愿、有能力整合或兼并周边的落后村庄，从而扩大自己的发展空间。很多集体经济强大的村，如华西村、沈泉庄村等，早就有上述举措。因此，如果试点地区固守"集体经济组织＝行政村"的想法，不能够设计出打破传统小集体边界的制度安排，显然不利于区域集体资源的整合和集体经济发展壮大。

很多试点地区在改革时，要求集体资产股份"三个不得"，即成员不得退股，股份不得赠予、不得转让，以此来固化集体组织成员、保障集体经济组织的存续。实际上，这类做法不仅直接降低了资产的市场价值，也不利于引入集体经济发展所需要的资金、人才等要素，甚至还会打消精英成员带领集体致富的积极性（每个人占有的份额都非常少，集体行动的逻辑就是人人"搭便车"）。这既不利于集体成员财产增收，也不利于集体经济发展，显然违背了改革的初衷。因此，如果集体成员不能突破行政村的边界，一些基础差、底子薄的集体组织将越来越缺乏经济活力。

## （二）如何区别对待不同类型集体经济组织的差异化改革诉求

农村集体经营性资产股份量化时还是要因地制宜，尊重当地群众的意愿。同一地区的村集体经济组织发展状况也不尽相同，有的村集体经济很薄弱，没有经营性资产甚至是负资产，这样的村进行股份量化没有实际意义，群众也不会有积极性。越是集体经济实力雄厚、给群众提供福利越多的村，越需要搞以股份量化为导向的产权改革。这类村往往是强人治村，群众往往对村领导具有较强的依附性，他们将得到的福利视同村集体领导的恩赐，实际上形成一种庇护关系。这是小官巨贪的土壤，需要通过股份量化唤起群众的民主意识，以使他们能有效行使其监督权利。对一些经营性资产较少、纯农区的村，集体产权制度改革的重点应是对村集体全部资产进行确权登记颁证，深入开展村集体经济组织成员的资格界定，为今后深入推进集体产权制度改革打下坚实基础。

与其他大部分农村改革试验区不同，近年来随着北京城的不断蔓延，大兴区北部的很多乡镇、村庄已完全融入了北京城，成为城市社区。其中很多没有产业基础的村庄，已经整建制村转居，原集体组织成员不再集中居住，村庄已经消亡，集体组织的边界日益模糊。调查中我们发现，这类村庄多以购置底商出租或集中理财的方式，来实现集体资产资金保值增值的集体经济组织，比如黄村镇的北程庄村、瀛海镇的四海村和瑞合一村。瑞合一村的党支部书记认为，与有第二、第三产业的村不同，他们这些村集体资产资金没有造血功能，就如一盆水，不能往里注水，还这么多人想分，只会越来越少。集体资产单一且已经完全融入城市社区的这类村，无论是村干部还是普通成员，都有把集体资产资金彻底分配给个人的强烈愿望。如何在这种情况下，发展壮大集体经济，是大兴区下一步集体资产产权改革面临的重要难题。

## （三）强化成员的集体股份权能对集体经济发展有何影响

党的十八届三中全会《中共中央关于全面深化改革若干重大问题的决定》明确提出，"保障农民集体经济组织成员权利，积极发展农民股份合作，赋予农民对集体资产股份占有、收益、有偿退出及抵押、担保、继承权。"农业部、中央农办、林业局联合印发的《积极发展农民股份合作赋予农民对集体资产股份权能改革试点方案》提出了改革试点的目标原则是：要通过改革赋予农民更多财产权利，明晰产权、完善权能，积极探索集体所有制的有效实现形式，不断壮大集体经济实力，不断增加农民的财产性收入。那么对于试点地区而言，必须考虑的是，如何在赋予成员集体资产更多权利权能的同时，不断壮大集体经济实力。

如果把农村集体资产产权改革划分两步走，第一步是核资确权，第二步是赋能流通，那么大兴区已经很好地走完了第一步，第二步还在探索阶段。大兴区规定集体资产股份可以继承，黄村镇的北程庄村、狼垡二村等村集体，集体资产股份都可以由不是本集体成员的人员继承。但是，大兴区在集体资产的有偿退出、抵押、担保等权能方面的制度创新非常滞后，甚至明确要求"三个不得"。从大兴区对集体产权股份"三个不得"来看，似乎允许成员有偿退出集体资产股份，会对集体经济发展造成不利影响。但我们在宁夏平罗试验区调查发现，很多已经融入城市的农民集体经济组织成员（包括村"两委"干部）有偿退出集体资产的强烈愿望。大兴区的情况也表明，很多成员想以组织成员内部转让、集体经济组织回购等方式，彻底放弃集体资产股份。

此外，对于一些有产业基础的集体经济组织而言，由于集体资产（股份）不能抵押、担保，他们通过正规金融机构获得发展资金的渠道不通畅，这显然不利于其发展壮大集体经济。总之，如何通过赋予成员更多的集体资产股份权能，来促进区域集体经济的壮大，是下一步大兴区集体资产股份权能改革面临的重要问题。

## 五 其他地方的做法与经验

一般而言，我国的农村集体资产产权改革是城市化发展较快的城乡结合部最先面临的问题。因此，在大城市周边和经济较发达地区，改革需求最为急迫。上海市农委早在2009年5月就发布了《关于本市推进农村村级集体经济组织产权制度改革工作的指导意见》，2012年3月上海市委市政府下发了《关于加快本市农村集体经济组织改革发展的若干意见（试行）的通知》。此后，上海市的集体资产产权改革提速，宝山区的罗泾镇、浦东新区的北蔡镇等还分别制定了详细的改革实施方案。近年来，随着城市不断蔓延，越来越多的省份开展了农村集体资产产权制度改革试点工作。比如，安徽省农业委员会于2013年5月27日出台了《开展农村集体经济组织产权制度改革试点工作的通知》；浙江省结合先前本省一些市县的农村集体资产股份制改革情况，于2014年8月发布了《关于全面开展村经济合作社股份合作制改革的意见》；2014年9月5日，河北省农业厅发布了《关于积极推进农村集体经济股份制改造试点深入开展的通知》。

除省级层面外，近年来很多县（市、区）也开展了农村集体资产产权制度改革。2011年9月，河南省郑州市二七区印发了《郑州市农村集体经济组织产权制度改革工作方案（试行）》的通知；2012年3月，河北省承德市双滦区出台了《关于农村集体经济组织产权制度改革试点工作的实施意见》；2012年10月，重庆市九龙坡区印发了《九龙坡区农村集体经济组织产权制度改革实施方案》；2013年3月，湖北省襄阳市出台了《尹集城乡一体化示范区农村集体经济组织产权制度创新指导意见（试行）》；2013年6月，河南省延津县出台了《延津县新型农村社区集体经济组织产权制度改革实施细则》；2013年5月和8月，山东威海市和肥城市也分别出台了《农村集体经济组织产权制度改革试点工作实施方案》；2013年8月，宁夏回族自治区银川市金凤区印发了《金凤区农村集体经济组织产权制度改革试点工作实施方案》；等等。

农村集体资产产权制度改革，不同省份和地区的做法有所不同，但基本包括了开展清产核资、社员资格界定、合理设置股权、资产量化到人、加强股权管理、制定章程制度、健全组织机构和抓好档案管理八个方面的内容，如表5-7所示。

表5-7　　　　　各地农村集体产权改革的主要做法

| 地区 | 主要做法 |
| --- | --- |
| 浙江省 | 浙江省要求以确权确股为基础、赋权活权为重点，制定了"三步走"战略：第一步，到2014年年底，全省50%以上的村经济合作社完成股份合作制改革；第二步，到2015年年底，全面完成改革任务，基本建立农村集体资产股权流转交易市场体系；第三步，到2017年，基本建立起"确权到人（户）、权跟人（户）走"的农村集体产权制度体系，实现社员对集体资产产权长久化、定量化享有，促进村级集体经济发展和农民增收。改革程序包括依据科学量化资产、依法界定成员、合理设置股权、健全组织机构和办理变更手续。经营机制方面，采用以集体资产保值增值为主要内容的经济责任制，实行经营管理绩效与经营者收入挂钩；财务制度方面，实行会计委托代理制对财务制度进行规范；发展方式方面，运用项目制、现金配股、土地入股等方式，与股东、相关市场主体发展混合所有制经济，并通过搭建流转交易平台、建立股权流转机制、优化金融服务的措施促进股权有序流转。<br>宁波市鄞州区股改形式为"确权确股暂不确值"。为防止产权"二次模糊"，股改不设集体股，原则上只设人口股。股权原则上实行静态管理，股权份额一次性核定，固化到人，权跟人走，可按规定在股份经济合作社内部转让。奉化市规定股权量化可采用两种方式：一是只按"人口股"确定份额，一般以股改基准日的户籍关系作为股权分配依据，每人1份；二是按"人口股和农龄股"相结合确定份额，人口股比例一般不少于60%。金华市武义县明确了股权全额享受对象、不能享受股权对象以及酌情享受股权对象，其中酌情享受股权对象由社员大会或社员代表会议依法表决决定是否享受及享受标准，并确定股权界定基准日为2015年1月31日24时，基准日前死亡和基准日后出生的人员不享受股东资格 |

续表

| 地区 | 主要做法 |
| --- | --- |
| 上海市 | 做好集体经济组织成员界定和以农龄为基础的统计核实公示等工作；确保农民群众的知情权、参与权、表达权和监督权；建立完善企业治理结构，盘活用好存量资产，以经营不动产为主，确保资产稳定收益，加快形成可持续发展模式；坚持一村（镇）一策，采取多种形式；农业地区可尝试以土地承包经营权作价入股的方式；已撤制村镇原则上不设立集体股，未撤制的村镇可设立20%左右的集体股。在实行撤制村队的改制地区，原村委会承担的基本公共事务职能转交相应的居委会，并逐步实现相关费用纳入居委会财政支出予以保障。在不撤制村队的改制地区，要创造条件，实行分账管理。区县、乡镇经济条件较好的，可依据村委会主要承担基本公共事务职能的要求，相关费用逐步由财政予以保障 |
| 安徽省 | 以"资源资产化、资产资本化、资本股份化"为方向，以资产量化、股权设置、建章立制、盘活资产为重点，按照"归属清晰、权能完整、流转顺畅、保护严格"的原则推进农村集体经济组织产权制度改革有序发展。股权界定要坚持村集体经济组织成员人人享有股份、按贡献大小适当体现差别原则。股权分配对象的确认、股权配置比例的确定，要提交村集体经济组织成员大会讨论，经2/3以上成员同意通过。产权改革后的集体资产，应以股份合作制为主，采取"村集体经济股份合作社"这一组织形式参与市场运营，也可以选择承包、租赁、招标、拍卖等多种方式进入市场 |
| 重庆市九龙坡区 | 股改过程中，遵循五大原则，采取清产核资、清人分类、股权设置、编制清册和注册登记五个步骤实施改革，并对股权管理、资产运营、收益分配和财务管理进行规范。按照"资产折股，量化到人，固化股权，按股分红"的方法，进行折股量化，并一次性配置给集体经济组织成员。实现两个分离，即农村基层组织社会行政职能与发展经济职能分离，户籍身份与村集体经济资产权益分离。股权界定基准日以村集体经济组织成员大会讨论决定为准。股权管理原则上实行生不增、死不减、进不增、出不减的"两不增、两不减"的股权静态管理制度。因特殊情况而需扩股、缩股或调整的，必须经股东大会2/3以上成员同意 |

续表

| 地区 | 主要做法 |
|---|---|
| 河南省郑州市二七区 | 改革方案按照"四议两公开"的程序讨论通过，清产核资实行"三榜定案"，清晰、全面地公布内容，包括村（社区）组所有的资产总数和详细底数、债务总额及详细底数、净资产总额等。股权设置方面，各村（社区）组实行量化分配的主要是集体所有的经营性净资产，设集体股和个人股（也可只设个人股），个人股包括人口股和农龄股等（也可只设人口股）。股权配置工作结束后颁发股权证书，作为合作社股东享受股权和参与分红的凭证 |
| 湖北省襄阳市 | 集体经济组织所有的全部资产作为总股本，按照"统分结合、以统为主"的集体化经营模式配置集体股和家庭股。家庭股包括宅基地股权：以家庭现有合法宅基地面积扣除在农村新社区中新房屋分摊的土地面积后，以单位面积土地的价值配置宅基地股权。总股本按照1元1股划分为股份，签发记名股票。采取"动静结合"的方式，严格股权管理。家庭股转让对象只能是村集体经济组织，转让时的每股价值＝当期土地被依法征收时安置补偿费÷取得股权时安置补偿费×1元/股。集体经济组织税后利润在弥补亏损和提取公积金、公益金后，按股份比例分配红利，一年一兑现，并进行公示。村民委员会获得的集体股红利主要用于兴办村级公共服务、公益事业、保障村"两委会"工作运转和在集体经济组织成员中再分配 |

## 六 有关思考与政策建议

回顾大兴区集体资产股份权能改革的主要做法、成功经验及面临问题，借鉴其他地区的改革经验，我们认为其下一步改革可以重点从以下三个方面展开。

首先，赋予集体成员更多的集体财产权利权能，加快集体股权流转。赋予农民对集体资产股份占有、收益、有偿退出及抵押、担保、继承权，是改革试点的核心任务。作为农业部确定为农村赋予农民股份权能试点之一，大兴区目前在集体资产股份占有和收益权方面的改革卓有成效，但是关于集体资产股份继承的改革比较滞后，而且对于农村集体财产权利的有偿退出以及抵押、担保等方面进行的尝试相对较少，还处于前期实施准备阶段。实际上，确权只是走完了集体资产改革的第一步，只有尝试引入市场机制，真正赋予成员更多财产权利，才能真正保障农民的财产权利，也才能更好地发展集体经济。因此，大兴区仍需借助改革试验的东风，在股份权能方面做更多的尝试。

关于量化股权流转和继承，从全国各地的做法来看，通常允许量化的股权继承，并且可以在集体经济组织内部流转，但是不能退股。对于是否固化股权，各地做法不一。一种是动态管理模式，随人口变动而调整；另一种是静态管理模式，不随人口变动而调整。其中，静态管理模式在改革时间早、股金分红收益水平高的地区，如广东南海，已经被动摇。在村民"活人不能给死人打工"的强烈要求下，原有的固化股权方式被突破。因此，一些地方采取了折中的方式，对人口股实行生增死减，而农龄股不增不减。这是值得参考的一种办法。

大兴区的股权设置，可以采取固化为主，同时有一定的股权变动的灵活性，它只局限在新增的社区人口股配股，该股份不可以转让，也不可以继承。而对于迁出本社区的成员及其后代，产权改革一次性支付补偿或配股，配股只能是个人优先股，即只有优先分红权，没有投票权。需要指出的是，固化是为了明确下一步发展的起始点，固化的目的不是固守，而是为了未来股权的开放性流动，更好地实现资源的优化配置。可以将狼垡二村、北程庄村等集体经济组织的经验，加以总结推广，尽快完善集体资产股份的继承权；可以借鉴浙江等地的经验，先尝试股份在股份经济合作社内部转让，进而搭建集体资产股权流转交易平台、建立股权流转和有偿退出机制、优化金融服务的措施促进股权有序流转。

其次，强化政府机构及有关部门联动，做好配套保障和服务。目前，农村集体经济组织登记后面临着较重的税费负担。为支持集体经济组织的改革发展，需要制定有区别的税费优惠政策。应把税费减免与其承担的农村公共服务挂钩，对承担农村社会公共服务的集体经济组织暂免征收企业所得税。对于改革后农民按资产量化份额获得的红利收益，应当免征个人所得税，农村社区事务已纳入公共财政的地区，集体经济组织运营与城市工商企业也无差别，可以设置一个3—5年的税费优惠过渡期，过渡期满对集体经济组织实行照章纳税。农村社区集体经济组织作为法定的集体产权代表主体，与企业法人、机关法人、事业单位法人和社会团体法人属于完全不同的组织类型，需要通过立法创设其法人地位。在法规出台前，大兴区可以借鉴江苏、浙江等地的做法，采用政府发放组织证明书的方式解决其身份地位问题。组织证明书主要记载集体经济组织的名称、地址、主要负责人、经营范围、资产等内容，集体经济组织可据此申办组织机构代码证、开立银行账户、申领票据、订立合同等，开展生产经营活动，获得市场主体地位。

农村集体资产产权改革、壮大集体经济不应与农村社区公共开支问题搅在一起。在农村集体经济组织与村民委员会的职能关系上，还是应明确改革的方向。农村集体经济组织与村民委员会的职能应分开，重点是把农村集体经济组织承担的社会管理和公共支出职能剥离开来，将集体资产经营管理职能赋予农村集体经济组织，集体经济组织的主要责任是保护其成员的经济利益；把福利事业等各项社会职能划交基层自治组织，使基层自治组织回归本位，建立基层政权组织、村民自治组织职责清晰、互动协作的新型农村治理机制，使各类组织各司其职、各负其责。村干部可以交叉任职，但不同类型组织的功能和服务对象必须区分开来。从长远来看，公共财政必须覆盖农村基层，村委会作为农村社区的自治组织，它为本社区全体居民（包括非集体经济组织成员的外来人口）实施社会管理和提供公共服务的支出要纳入地方财政预算。要使村民委员会仅仅承担村庄的公共服务职能，把土地等集体资产的管理权完全剥离到农民集体经济组织手中。统一规范的农村社区建设应提上政府的议事日程。因此，要继续加大公共财政对农村的投入，加快推进公共服务均等化，进一步推进农村公共服务纳入财政预算试点和农村公共服务运行维护试点，逐步减少本应由政府承担而实际由农村集体经济组织承担的公益性支出。探索财政项目资金直接投向符合条件的农村集体经济组织，财政补助形成的资产可以转交农村集体经济组织持有和管护。

为了减少深化农村集体资产产权改革的风险，还需要尽快替代集体经济组织所承担的社会保障作用。可以与人保局、民政局等政府部门加强联系，以灵活方式为符合条件的农转居人口提供社会保障。而且，加快集体资产股权流转，需要加强与银监局、人民银行等机构的合作，搭建股权流转及有偿退出交易平台，做好配套服务。

最后，推进集体经济组织之间、集体经济组织与其他市场主体的联合合作。要认识到，落实中央关于壮大集体经济的政策要求，既不能仅从村庄的数量上来衡量，也不能排除其他市场主体参与搞所谓纯粹的集体经济，而应该让集体经济在有竞争优势的领域发挥最大化作用。应当明确，适当引入其他市场主体，不会改变集体经济组织的性质。更少的集体成员甚至集体经济组织，反而可能更有利于集体经济组织的发展。只追求集体经济的纯度和集体经济组织的数量，而不关注其经济活力和持续"造血"能力，谈不上发展壮大集体经济组织。

在集体经济发展进程中，集体经济组织也可以以一种市场主体的形式与其他市场主体合作、合资，采取"一企两制"或"一企多制"的方式；集体经济组织内部按照集体成员通过民主程序共同制定的原则进行管理和分配，与外部合资合作则按照市场规则，发展为多元化的混合所有制经济形式，成为一种多元化的混合型的市场经营主体。集体经济的这种嬗变将使它得以保持经济活力和市场竞争力。可以在当前联村入股合作的基础上，以股份合作、联合经营等方式，尝试引入其他市场主体与村社集体经济组织协作发展，探索发展集体经济领导下的混合所有制经济。

另外，大兴区一些镇、村实行的联村入股合作，不仅可以作为集体资产经营的一种方式，还可以作为农转居后壮大集体经济的一个探索。比如，可以适度扩大集体组织的边界，允许不同集体经济组织资产置换、合并，通过股份联合与合作，让当前各自为政的村集体经济组织抱团，成为更大、更有竞争力的市场经济主体。

# 参考文献

[1] 中国社会科学院农村发展研究所"农村集体产权制度改革研究"课题组：《关于农村集体产权制度改革的几个理论与政策问题》，《中国农村经济》2015年第2期。

[2] 韩俊、张云华、王宾：《推进农村集体产权制度改革——上海市闵行区调查报告》，《农村经营管理》2014年第10期。

[3] 宋洪远、高强：《农村集体产权制度改革轨迹及其困境摆脱》，《改革》2015年第2期。

[4] 课题组，《对农村集体产权制度改革若干问题的思考》，《农业经济问题》2014年第4期。

[5] 张红宇：《关于农村集体产权制度改革相关问题的思考》，《农村工作通讯》2014年第14期。

[6] 徐勇、赵德健：《创新集体：对集体经济有效实现

形式的探索》,《华中师范大学学报》(人文社会科学版)2015年第1期。

[7] 夏英、钟桂荔、曲颂、郭君平:《我国农村集体产权制度改革试点:做法、成效及推进对策》,《农业经济问题》2018年第4期。

[8] "农村集体产权制度改革和政策问题研究"课题组:《农村集体产权制度改革中的股权设置与管理分析——基于北京、上海、广东的调研》,《农业经济问题》2014年第8期。

[9] 叶兴庆:《准确把握农村集体产权制度改革的方法论》,《中国发展观察》2015年第2期。

[10] 农业部农村经济体制与经营管理司调研组:《浙江省农村集体产权制度改革调研报告》,《农业经济问题》2013年第10期。

[11] 王宾、刘祥琪:《农村集体产权制度股份化改革的政策效果:北京证据》,《改革》2014年第6期。

[12] 方志权:《农村集体经济组织产权制度改革若干问题》,《中国农村经济》2014年第7期。

[13] 黄延信:《发展农村集体经济的几个问题》,《农

业经济问题》2015年第7期。

［14］邓大才：《产权与利益：集体经济有效实现形式的经济基础》，《山东社会科学》2014年第12期。

［15］苑鹏、刘同山：《发展农村新型集体经济的路径和政策建议——基于我国部分村庄的调查》，《毛泽东邓小平理论研究》2016年第10期。

［16］崔红志：《农村集体经济发展的现状、问题与政策取向》，载《中国农村发展报告》（2018），中国社会科学出版社2018年版。